BIBLIOTHÈQUE DE CRIMINOLOGIE

LE
CRIME A DEUX

ESSAI DE PSYCHOLOGIE MORBIDE

par Scipio SIGHELE

TRADUIT SUR LA DEUXIÈME ÉDITION ITALIENNE

par Vincent PALMET

LYON

A. STORCK, Éditeur

78, rue de l'Hôtel-de-Ville

PARIS

G. MASSON, Éditeur

120, boulevard St-Germain

1893

LYON	PARIS
A. STORCK, Éditeur	G. MASSON, Éditeur
78, Rue de l'Hôtel-de-Ville	120, Boul⁴ St-Germain

LE VADE MECUM

DU MÉDECIN-EXPERT

Guide médical ou aide-mémoire de l'Expert

du Juge d'instruction,

de l'Avocat, des officiers de police Judiciaire

PAR

A. LACASSAGNE

Professeur à l'université de Lyon, Correspondant de l'Académie de médecine

---

1 vol. in-18, tranches rouges : **5 fr.**

Reliure souple portefeuille, avec crayon, poche et cahier de notes

---

FEUILLES

D'EXAMEN MÉDICO-LÉGAL ET D'AUTOPSIE

Examen dans un cas d'attentat à la pudeur sur petite fille, examen de l'accusé ; autopsie dans un cas d'égorgement, de pendaison et strangulation, d'enfant nouveau-né, d'avortement criminel, de submersion, de précipitation ; examen d'un individu victime de manœuvres pédérastiques ou sodomiques ; examen médico-légal d'une empreinte ; autopsie et examen chimique sommaire dans un cas d'empoisonnement, examen médico-légale et autopsie dans un cas de mort par chaleur extérieure ; grossesse et accouchement.

12 FEUILLES POUR PRENDRE LES NOTES

LA COLLECTION : 2 FR. 50. — CHAQUE FEUILLE SÉPARÉE : 0 FR. 35

Ces feuilles sont destinées à servir de guide au médecin expert. Elles lui rappellent la suite des opérations à pratiquer pour dresser son rapport. Elles servent à prendre des notes méthodiquement pour répondre aux questions d'usage du magistrat instructeur.

20.6 93

LE CRIME A DEUX

ESSAI DE PSYCHOLOGIE MORBIDE

LE CRIME A DEUX

—

ESSAI DE PSYCHOLOGIE MORBIDE

Ouvrages du même auteur traduits en français

La Foule criminelle, *Essai de psychologie collective,*
Paris, Félix Alcan, 1892. — *Bibliothèque de Philosophie
contemporaine.*

EN PRÉPARATION :

La Criminalité des sectes.

LE

CRIME A DEUX

ESSAI DE PSYCHOLOGIE MORBIDE

par Scipio SIGHELE

TRADUIT SUR LA DEUXIÈME ÉDITION ITALIENNE

par Vincent PALMET

Illustré de portraits

LYON

A. STORCK, Éditeur
78, rue de l'Hôtel-de-Ville

PARIS

G. MASSON, Éditeur
120, boulevard St-Germain

1893

A mon maître.

ENRICO FERRI

Humble hommage d'une admiration profonde et d'une reconnaissance sans bornes.

AVANT-PROPOS

En présentant au public français ce modeste ouvrage.
j'éprouve, plus que le devoir, le besoin de le remercier
pour l'accueil trop bienveillant qu'il a cru pouvoir faire,
il y a quelque mois, à mon premier livre, *La Foule
criminelle*.

Dans cette monographie j'avais étudié la forme plus
complexe de l'association criminelle : aujourd'hui je vais
tenter l'analyse de la forme plus simple. Le crime de la
foule et le crime à deux sont en effet les anneaux extrêmes
qui closent, pour ainsi dire la chaîne de toutes les formes
nombreuses et infiniment variées de l'association entre
délinquants.

L'année prochaine j'espère pouvoir publier les volumes
sur la *Criminalité des sectes* et sur les *Sociétés des
malfaiteurs* (maffia, camorra, brigandage, etc.) et
compléter mon ouvrage en donnant, dans une étude purement juridique, la théorie positiviste de la complicité.

M. le professeur Lacassagne a bien voulu faire paraître cette partie de mon ouvrage dans la *Bibliothèque de Criminologie*. Je le remercie vivement pour cet honneur et pour les soins qu'il a eu l'obligeance de donner à la publication de mon livre, et je suis heureux de pouvoir ajouter un sentiment de reconnaissance à l'estime et à la sympathie qui m'unissaient déjà à lui.

SCIPIO SIGHELE

Rome, juillet 1893.

INTRODUCTION

La suggestion dans le crime

I

« L'histoire universelle, dit Carlyle, l'histoire de ce
« que l'homme a accompli dans le monde, est au fond
« l'histoire des grands hommes qui ont travaillé ici-bas.
« Ils ont été les conducteurs des peuples, ces grands
« hommes ; les formateurs, les modèles, et, dans un sens
« large, les créateurs de tout ce que la masse des hommes
« pris ensemble est parvenue à faire ou à atteindre.
« Toutes les choses que nous voyons debout dans le
« monde sont proprement le résultat matériel extérieur,
« l'accomplissement pratique et l'incarnation des pensées
« qui ont habité dans les grands hommes envoyés au
« monde. L'âme de l'histoire entière du monde, ce serait
« leur histoire » (1).

(1) Carlyle, *On Herses*, 1.

1

Il y a toujours quelque chose de violent, d'exagéré, de paradoxal dans ce qu'écrit Carlyle, mais il y a aussi toujours quelque chose de nouveau, de profond et de vrai. Cette idée, qui fait de l'histoire une épopée de l'héroïsme, est, selon M. Taine (1), une vive lumière, et, je crois que M. Spencer a eu tort lorsqu'il a cru pouvoir la tourner en ridicule en disant que la théorie du *grand homme* est facilement acceptée parce qu'elle est très simple, et promet de l'amusement en même temps que de l'instruction (2).

Si on ne peut pas nier que les génies sont un produit nécessaire du milieu dans lequel ils naissent, et, pour ainsi dire, les fils de leur époque, on ne peut pas nier non plus qu'ils sont les pères de l'avenir : on doit leur reconnaître non seulement des facultés représentatives, comme disait M. Esperson, mais aussi des facultés actives : il faut en somme avouer que dans le drame historique ils jouent non seulement le rôle d'acteurs mais aussi celui d'auteurs (3).

« Une opinion bizarre, écrit M. Bagehot, en faisant évidemment allusion à l'opinion de M. Spencer, veut que ceux qui considèrent l'histoire d'un point de vue scienti-

---

(1) *L'idéalisme anglais,* Paris 1864, page 152

(2) Voyez Spencer : *Introduction à la science sociale,* 7ᵉ éd., Paris, Alcan, 1885, page 31 et suiv.

(3) Voyez à ce propos la remarquable étude de M. A. Chiappelli : *Gesu-Cristo e i suoi recenti biografi,* dans la *Nuova Antologia,* livr. du 1ᵉʳ avril 1891.

fique soient disposés à ne pas évaluer assez haut l'influence des caractères individuels. Il serait tout aussi raisonnable de dire que ceux qui considèrent la nature à un point de vue scientifique, sont disposés à ne pas évaluer assez haut l'influence du soleil. » (1)

En effet, dans tous les temps et chez tous les peuples nous voyons que chaque phase de la civilisation trouve son symbole dans un héros. Dans les époques barbares et guerrières c'est un chef puissant et respecté, dans les époques artistiques c'est un peintre ou un poëte, dans les grandes révolutions de la pensée c'est un philosophe qui marche à la tête de ses contemporains et qui les entraîne après lui. « Combien de grands hommes, de Ramsès à Alexandre, d'Alexandre à Mahomet, de Mahomet à Napoléon, ont ainsi polarisé l'âme de leur peuple! et combien de fois la fixation prolongée de ce point brillant, la gloire ou le génie d'un homme, a-t-elle fait tomber tout un peuple en catalepsie! » (2)

Certes il ne faut pas aller jusqu'au fétichisme absurde de ceux qui croient pouvoir tout expliquer avec l'histoire des grands hommes, mais il ne faut pas non plus méconnaître l'influence que les génies exercent sur la foule, ni même nier qu'ils représentent « le sel de la terre et

(1) Bagehot : *Lois scientifiques du développement des nations*, 5ᵉ éd., Paris, Alcan, 1885, page 106. -- Voyez aussi mon étude *Il delitto politico*, dans l'*Archivio guiridico*, vol. XLVI, 1891.

(2) G Tarde : *Qu'est-ce qu'une société?* dans la *Revue philosophique*, novembre 1884.

que, sans eux, la vie deviendrait une mare croupissante. » (1)

Cette influence d'un individu sur la multitude, influence qui atteint un degré très haut lorsque cet individu est un génie et quand la foule qui l'entoure est prédisposée à le suivre, se retrouve aussi, bien qu'en plus minces proportions, en dehors des grands événements historiques, dans la vie simple et modeste de tous les jours.

Si nous jetons un regard sur la société humaine, nous voyons qu'au point de vue intellectuel et moral elle peut se diviser en groupes : chacun d'eux est composé d'un ou de plusieurs chefs qui commandent et d'un troupeau docile qui obéit aveuglément.

Le régime du moyen âge, dans lequel celui qui avait le bras plus fort et le cœur plus hardi construisait son nid de faucon au haut de la montagne, tandis qu'autour de lui les plus humbles rassemblaient leurs chaumières et se soumettaient à son pouvoir, existe encore aujourd'hui, bien que les coutumes ne soient plus les mêmes.

Aujourd'hui encore, celui qui a plus d'esprit, de courage, de savoir-faire, celui qui sait inspirer plus de confiance aux autres, celui-là s'élève au-dessus de tous et entraîne après lui la foule inconsciente. C'est en ce sens qu'est vraie et profonde la sentence de Sainte-Beuve : le génie est un roi qui crée son peuple.

---

(1) Stuart Mill . *La Liberté,* chap III. Voyez aussi les articles de M. G. Ferrero . *L'individuo e lo Stato (Critica Sociale,* II, livr. 5, 6, 7, 8) qui ont donné lieu à une vive polémique entre M Ferrero et MM. F. Turati, U. Bolfino et E Gallavresi (ib , II, livr. 8, 9 et 10).

Suivre le chemin que nous montrent les hommes supérieurs, ce n'est pas seulement, comme disait Stuart Mill, (1) l'honneur et la gloire des hommes médiocres : c'est aussi leur devoir et la loi fatale à laquelle ils ne peuvent se soustraire.

Dans la religion et dans la science, dans la politique et dans les affaires, dans n'importe quelle manifestation de l'esprit humain, vous voyez se former un groupe d'un certain nombre d'individus autour de quelques-uns ou d'un seul. Ils constituent alors une église, une école, une classe, un parti, et ils combattent bravement comme des soldats rangés en bataille, sous la direction d'un capitaine qui personnifie mieux que les autres, et sait conduire à la victoire, un sentiment, un intérêt, une idée.

En voyant cette organisation spontanée de la société on dirait que notre petite planète veut imiter la grande harmonie de l'univers pour être comme celui-ci une fédération de systèmes planétaires dans lesquels d'innombrables étoiles tournent autour des soleils.

Mais quelle peut être la cause de ce phénomène?

Est-ce par la terreur et l'imposture que les génies de la pensée ou du sentiment ont régné et règnent encore sur la multitude? Non, cette explication ne peut pas être juste parce que le dévouement de la multitude étant en ces cas absolument libre fait s'éloigner par lui-même le simple soupçon de despotisme.

(1) Ouvr. cit , page 98

La cause vraie et unique est selon moi, le *prestige* qui émane de certains hommes : *prestige* que, durable ou éphémère, nous ne savons presque jamais ni expliquer ni exprimer parce que c'est quelque chose d'indéfinissable que nous éprouvons dans la demi-obscurité du sentiment et du pressentiment; — hommes prestigieux qui possèdent le pouvoir étrange de certains spectacles de la nature ou de certains chefs-d'œuvres de l'art qui nous font tomber dans un état de contemplation muette et extatique; hommes prestigieux qui résument et actualisent, pour ainsi dire, toute cette force potentielle de désirs vagues et confus qui gisent endormis .dans la conscience de chacun, (1) et vers lesquels nous sommes presque irrésistiblement entraînés, comme la nature vers le soleil qui lui donne la chaleur et la lumière.

C'est en somme la force mystérieuse de la suggestion, qui attire autour de certains esprits supérieurs tous ceux qui les approchent comme l'aimant attire le fer. Et le nombre des prosélytes est plus ou moins grand suivant le degré de cette force de suggestion qu'on pourrait justement définir « la vraie mesure de la valeur individuelle. »

De Jésus qui a répandu sa religion sur une grande partie de ce monde et l'a éternisée dans les siècles, jusqu'aux chefs d'un parti politique ou d'une école scientifique

(1) On a dit très justement que le génie est un raccourci inconscient de l'humanité.

qui exercent aujourd'hui une influence infiniment plus petite et moins durable, tout au monde, — art, science, action, — tourne autour des individus qui donnent la direction du mouvement, et je crois qu'il n'y a personne qui ne regarde, comme son étoile, un homme, pour le suivre et pour l'imiter.

II

S'il en est ainsi dans le milieu des gens honnêtes, pourquoi n'en serait-il pas de même dans le monde des coquins?

La psychologie criminelle nous a désormais démontré que dans les organismes sociaux, comme dans tout autre organisme, vit le principe, que la pathologie suit les lois de la physiologie. L'activité criminelle croît et se développe avec des phénomènes analogues à ceux qui font croître et se développer l'activité honnête. (1) Le criminel, bien qu'il soit un individu tout à fait différent des autres par sa constitution physiologique et psychologique, ne peut pas se soustraire à l'empire de certaines lois qui dominent, à un point de vue général. les actions de tous les hommes. Et, comme l'individu honnête et normal

(1) Voyez Lombroso, *l'Homme criminel*, I vol., et Ferri, *La sociologie criminelle.*

admirera le génie d'un poète ou d'un philosophe, de
même le criminel subira le prestige d'un brigand ou d'un
assassin célèbres et tâchera de les imiter. Chaque profession a son idéal : le soldat rêve les épaulettes du
colonel, le petit marchand espère devenir riche comme
le banquier, le disciple envie la renommée et la gloire
de son maître. Le crime aussi est malheureusement une
profession pour beaucoup de ceux qui le commettent,
et doit avoir son idéal; seulement au lieu d'un idéal
glorieux, il se repaît d'un idéal infâme.

Comme le néophyte d'une Eglise ou d'une Ecole voudrait
atteindre le degré de perfection auquel est arrivé le chef
de son Ecole ou de son Eglise, de même les nouvelles
recrues de l'armée du crime voudraient imiter et surpasser
dans l'atrocité de leurs méfaits les grands criminels dont
elles savent les noms, qu'elles prononcent avec un sentiment respectueux de crainte et d'admiration. (1)

L'abbé Moreau, dans son beau livre sur les prisons de
Paris, (2) a longuement parlé de la terrible influence
qu'ont les grands malfaiteurs sur les autres détenus et,

---

(1) Observons que ce n'est pas toujours que les criminels médiocres
admirent et tâchent d'imiter les grands criminels. Les voleurs, par exemple,
ont parfois une vraie et profonde répulsion pour les assassins, et *vice versa*
les assassins méprisent bien des fois les voleurs. Un assassin auquel on
avait demandé s'il avait jamais volé, répondit « Moi, voler? mais je suis
un honnête homme! » Et Corbière, le voleur célèbre, refusa de s'évader
parce qu'il était nécessaire de tuer les gardiens « La violence, dit il,
n'est pas mon système. »

(2) *Souvenirs de la Petite et de la Grande Roquette,* recueillis et mis en
ordre par l'abbé Moreau. Paris, J Rouff et Cie

dans les pages que je vais reproduire, il en a donné une saisissante description :

..... Quand Blin arriva à la Grande-Roquette les *garçons* lui firent une ovation. Ce fut pendant huit jours un engouement indescriptible. Chacun tenait à le voir de près, à l'entendre raconter ses prouesses, à recueillir de sa bouche une coquinerie bien accentuée. Il fut pendant huit jours, comme me le disait un de ses co-détenus « le roi de la Roquette. »

Ce détenu écrivit, sur mon conseil, le récit de cette ovation. Il peint mieux que je ne saurais le faire les mœurs de ce monde :

..... De temps en temps l'arrivée d'un grand coupable rompt la monotomie de la Roquette. A l'angle nord-ouest de la cour intérieure est une porte cintrée, haute de quatre mètres et doublée d'une autre porte pleine en fer. Quand on ferme cette porte, il y a un grand émoi parmi les détenus.

— Voici des nouveaux !

Et tous les regards se jettent curieux, anxieux, du côté de cette porte, derrière laquelle le perruquier procède à la toilette du détenu. Un coup de rasoir, deux coups de ciseaux, quelques balafres : la toilette est faite.

Le 18 mars 1884, la porte venait de se fermer. Un bruit se répandit sur la cour :

— Blin est arrivé !

Et la nouvelle, se colportant de groupe en groupe, fut

bientôt connue de tous. Ce nom, complètement inconnu auparavant, était maintenant dans toutes les bouches.

Blin est arrivé! se répétait-on en s'accostant, presque en se félicitant.

Afin de l'apercevoir aussitôt son entrée sur la cour, on se dirige vers les bancs placés près de la porte sacrée. On prend place, on attend. Les conversations commencent.

Des initiés racontent qu'un crime a été commis il y a quelques mois au Palais-Royal. On s'empare de leur récit, et Blin n'est déjà plus connu que sous le nom de « l'assassin du Palais-Royal. »

— Je l'ai vu à *Taz* (1), dit l'un, il était à la sixième, il revenait des *trente-six carreaux* (2). Il était bien fringué, il avait l'air d'être à la hauteur. Etre bien fringué est énorme aux yeux de ce monde de voleurs. L'homme mal habillé est celui qui n'a pas d'argent. Et celui qui n'a pas d'argent est celui qui ne commet que des vols de peu d'importance. Il est indigne d'estime. C'est un *ballot*. (3)

— Blin se fait bien attendre.

— N'est-ce pas lui, dit un gros homme trapu, qui, faisant le type à cautionnement, se débarrassait de ses

(1) *Taz* pour *maz*, diminutif de Mazas, fort usité.

(2) La porte des cellules de la Préfecture où les prévenus attendent le moment de passer en jugement ou de paraître devant le juge d'instruction, est vitrée de trente-six carreaux. Ce lieu en a pris le nom.

(3) *Ballot*, lourd.

employés en les envoyant à l'hôtel Drouot enregistrer exactement le montant des ventes? les idiots rentraient le soir harassés, mais heureux d'avoir un emploi et ..... le placement de leur argent.

— Parfaitement, reprend un autre.

— Il a été en Amérique.

— Il a enlevé la femme d'un quaker.

— Il a fait le fric-frac à Chicago, à San Francisco!

— Partout!

— Jamais pincé!

— Un rude, allez!

Cependant la porte demeure fermée. Les conversations languissent. Les regards demeurent fixés sur la barrière de fer et semblent vouloir la percer. Tout à coup un murmure se fait entendre :

— Voilà *Transparent*, dit une voix. — Transparent c'est le sous-brigadier, ainsi surnommé à cause de son étonnante maigreur. — En effet, le sous-brigadier s'avance. Il est suivi d'un gardien porteur d'un énorme trousseau de clefs. Les rangs s'ouvrent devant les grondements du chef redouté. La clef est dans la serrure, la porte s'ouvre. Une dizaine de nouveaux pénétrent dans l'enceinte, tristes, honteux, abasourdis par la torture que le coiffeur vient de leur infliger.

— Lequel est Blin?

— C'est ce grand brun, dit l'un.

— Non, c'est le petit gros qui marche derrière lui, dit un autre.

Blin tranche le différend en disant :

— Blin, c'est moi. Que me veut-on ?

Il se présente hardiment, sans aucune honte, et promène autour de lui un regard assuré. Il semble chercher quelque figure de connaissance. Puis il va s'asseoir à une place vide. De taille moyenne, voûté, le cou dans les épaules, le front découvert, les yeux vifs à l'expression changeante, profondément enfoncés dans l'arcade sourcilière, le nez mince, aquilin. L'aspect premier donne froid.

Blin doit être d'une grande énergie et d'un profond cynisme.

Des regards d'envie se jettent sur les privilégiés qui ont réussi à se placer près de lui. La conversation va s'engager. Toutes les oreilles sont tendues. Blin met tout le monde à l'aise en demandant quelques renseignements sur le *modus vivendi* de la Grande-Roquette. La glace est rompue. Mais il n'a encore parlé ni de sa condamnation ni de son crime.

— Combien faites-vous ? risque timidement son voisin de droite.

— Perpètes !... répond Blin.

— Perpètes ! c'est long, reprend l'interlocuteur, ébauchant un sourire contraint. C'est, je crois, pour l'affaire du Palais-Royal.

— Oui...

Blin promène autour de lui ce regard assuré qu'il avait à son entrée sur la cour. Il ne cherche plus des figures de connaissance. L'auditoire qui l'entoure est-il digne d'entendre son récit ? C'est sa pensée. A deux ou trois reprises il passe la main sur son front comme pour en chasser un douloureux souvenir. Les détenus sont tout yeux et tout oreilles. Blin va raconter son affaire. Il se décide. . . . . Un long silence succède à ce récit. Personne n'ose demander des détails. Peu à peu, un ou deux détenus se lèvent et quittent Blin. Ils vont raconter l'affaire aux autres. Leur place est bientôt prise. L'auditoire se renouvelle ainsi en entier. Nouvelles questions. Nouveau récit. Blin semble s'y attendre. Il ne se fait pas prier. La conversation s'anime, le récit devient plus enlevant, les détails affluent. On ne ressent plus cette contrainte du commencement. *Blin se sent le roi de cette populace. Il la dompte, il la fascine ; elle est à ses pieds.* . . . . (1).

En dehors de la prison, dans les cabarets mal famés, dans les lieux borgnes et suspects où se donnent rendez-vous les vagabonds, les souteneurs, en un mot toute cette classe d'individus que Victor Hugo appelait le troisième dessous de la société, la suggestion qu'exercent les criminels célèbres sur les autres délinquants sera peut-être

(1) Abbé Moreau *Le monde des prisons*, Paris, 1887, pag. 29.

différente dans ses manifestations mais elle sera toujours la même dans ses effets (1).

Le crime a, comme toute autre forme d'activité, son aristocratie, derrière laquelle on trouve, humble et envieuse, la multitude des médiocres. Les exploits d'un Lacenaire ou d'un Abadie sont racontés dans le monde criminel avec des sentiments tout à fait égaux à ceux avec lesquels les gens honnêtes racontent les bienfaits des hommes illustres. Un bandit de haute renommée, a écrit Lauvergne (2), devient pour les autres un centre, un moniteur, une domination. Et les assassins et les voleurs qui ont acquis une gloire honteuse savent très bien qu'il doivent se poser comme exemples et comme modèles devant leurs compagnons, ils connaissent l'importance de leur rôle et ils le jouent aussi dans les moments suprêmes

(1) Voyez-en une foule d'exemples en Vidocq : *Les moyens de diminuer les crimes*; Gisquet : *Mémoires*; Claude : *Mémoires*; Andrieux : *Souvenirs d'un préfet de police*; Canler : *Mémoires*; Ferrus : *Les prisonniers*; Arboux : *Les prisons de Paris*; Ives Guyot : *La police*; Macé : *Un joli monde, Mon musée criminel, Le service de la sûreté, Mes lundis en prison*; Moreau Christophe : *Le monde des coquins*; M. du Camp : *Paris, ses organes, ses fonctions et sa vie*, vol III.; P. Cère : *Les populations dangereuses*; Laurent : *Les habitués des prisons de Paris* et *L'année criminelle* (2 vol., 1890, 1891); Joly : *Le crime, La France criminelle* et *Le combat contre le crime*; J.-D. Lewis : *Les causes célèbres de l'Angleterre*; O. Z., *Les bas-fonds de Berlin*; E. Gauthier : *Le monde des prisons*; Th. Dostoïewsky : *La maison des morts*; d'Haussonville : *L'enfance à Paris*; Guy Tomel et H. Rollet : *Les enfants en prison*; A. Guillot : *Les prisons de Paris et les prisonniers*; Raux : *Nos jeunes détenus*; Ch. Desmaze : *Les criminels et leurs grâces*; J. Peuchet : *Mémoires tirés des Archives de la police de Paris*, 6 vol.; Bataille : *Causes criminelles et mondaines*, 11 vol.; P. de Grandpré : *La prison Saint-Lazare depuis vingt ans*.

(2) Lauvergne : *Les forçats*, page 96.

de leur vie, avec une audace qui touche quelquefois à l'héroïsme.

Avril, lorsqu'il apprit sa condamnation à mort, fit parvenir à Lacenaire un papier sur lequel il avait écrit ces mots : « Mon cher Lacenaire, toi qui as de l'esprit, fais-moi donc une chanson pour que je la chante en allant à l'échafaud. » Lacenaire écrivit sur le verso : « Mon cher Avril, je ne veux pas te faire de chansons : on chante quand on a peur, et j'espère que nous ne chanterons ni l'un ni l'autre. »

Savoir mourir, ce n'est pas seulement le dernier courage des martyrs, c'est aussi la dernière preuve d'analgésie morale et physique donnée par les criminels, qui en profitent pour frapper l'imagination populaire.

Ou a dit (1) que le danger des exécutions capitales en public consiste surtout en ce que le spectacle de cet horrible drame réveille les levains primitifs de la férocité et de la cruauté qui couvent à l'état d'embryon dans chaque individu ; — et c'est vrai, mais il y a un autre danger, moins grand peut-être, mais plus immoral : le public peut admirer comme un héros l'assassin qui ne tremble pas devant le bourreau. Un criminel qui marche à l'échafaud calme et souriant laisse un long souvenir dans la multitude et son nom porte à jamais une auréole de gloire.

---

(1) M. du Camp : *Paris, ses organes*, etc.; Moreau : *Le monde des prisons*; Garofalo : *Contro la corrente*, Naples 1888; Aubry : *La contagion du meurtre*, Paris, Alcan, 1888, Ferri · *La ghigliottina a Parigi*, dans l'*Intermezzo*, Alessandria, mars 1890.

Souvent le peuple ne se borne pas à confier à la tradi-
tion les noms et les exploits des grands criminels, mais
il compose pour eux des poèmes dans lesquels il raconte
leur vie (1). Tel, par exemple, fut le cas de Cartouche
qu'on a célébré dans un ouvrage poétique en douze
chants : le dernier décrit ses tourments tandis qu'on lui
applique la question, et finit par ces vers :

> De l'horreur d'un tel pas il se rend le vainqueur,
> On ne peut s'empêcher d'admirer son grand cœur (2) !

On parle de ce voleur vulgaire comme d'une victime,
et il est facile d'imaginer quels peuvent être les effets de
ces apologies !

Mais c'est dans les associations de malfaiteurs que l'on
voit plus clairement et plus directement les conséquences
terribles de l'étrange prestige que certains criminels
exercent sur la masse des autres.

Dans les bandes de voleurs ou d'assassins, le chef est
aveuglément obéi comme un général par ses soldats ou
comme un maître par ses élèves, et il est obéi non seulement à cause de la terreur qu'il inspire, mais aussi et sur-

---

(1) M. Lombroso dans le chapitre XIIe de la troisième partie du 1er volume
de l'*Homme criminel* a longuement parlé de cette littérature qui se forme
autour des grands criminels, et qui est comme un émonctoire pour les tendances criminelles cachées du peuple. — Voir dans son ouvrage les poèmes,
chansons, ballades sur les plus célèbres malfaiteurs italiens.

(2) V. *Répertoire général des causes célèbres anciennes et modernes*
Paris, 1834, vol. II, biographie de Cartouche.

tout à cause de sa force de suggestion et parce qu'il possède des facultés qui en imposent aux autres (1). Est-il besoin de rappeler les époques, par bonheur lointaines, du brigandage italien, pour démontrer qu'il existe des individus voués par nature au crime, qui ont le terrible privilège de savoir dominer un groupe de méchants ou de suggestionnables, les entraîner de crime en crime, et se faire respecter et adorer par eux? Est-ce qu'on a oublié la fascination étrange dont étaient doués les frères La Gala, Leone, Pizzichicchio, Capraro et bien d'autres qui ont laissé leur nom taché de sang dans les chroniques judiciaires italiennes (2)? Si aujourd'hui le type classique du capitaine de brigands a disparu, ont-ils disparu aussi les chefs redoutables de la *maffia* et de la *camorra*, qui savent faire exécuter leurs ordres avec des formalités mystérieuses qui accroissent leur prestige? Demandez-le à

---

(1) Fouquier (dans les *Causes célèbres*) dit que « férocité, jactance, expérience du crime, sont à peu près les seules conditions de supériorité qui, dans les bandes, distinguent les chefs des soldats » Je crois devoir y ajouter le prestige moral et cette analgésie qui est le propre aussi des grands capitaines et de laquelle j'ai parlé incidemment plus haut et longuement ailleurs (*La foule criminelle*, Paris, Alcan, 1892, chap. II, pages 123 et suiv)

(2) Voyez à ce propos Marc Monnier   *Histoire du brigandage dans l'Italie meridionale*, Paris, 1862, Locatelli   *Il brigantaggio e la Maffia*, 1875; Saint Jorioz . *Il brigantaggio nelle provincie meridionali*, 1864, G. Ferreri · *Cause devanti ai giurati negli Abruzzi e nelle Puglie*, Bologna, 1866, Lestingi · *L'Associazione della Fratellanza di Girgenti* (dans l'*Arch. di psich.*, vol. V, 1884); les *Cronache delle assise di Palermo*, 1878. Voyez aussi l'article de M. Dutemple   *Le brigandage en Turquie* (dans le supplément du *Figaro* du 15 août 1891) où l'on parle du prestige des deux brigands Kattegani et Psitchi Osman, et mon etude *Brigantaggio moribondo* (dans le volume écrit en collaboration avec MM Bianchi et Ferrero   *Tipi di criminali moderni*, Milano, 1893

Naples et à Palerme (1). Et les dernières et plus modernes
manifestations des associations criminelles, telles que
les bandes d'un Gasco ou d'un Catusse, ne prouvent-
elles pas qu'il y a, aussi dans la profession de délinquant
des individus intelligents et volontaires qui conduisent les
autres à cause de l'influence qu'ils exercent sur eux? (2).

I

L'analogie entre la forme de suggestion qui a lieu dans
les milieux honnêtes, et celle qui a lieu dans les milieux
criminels, analogie que nous avons essayé de décrire, ne
s'arrête pas ici.

Dans les milieux honnêtes, en dehors de l'influence
générale et indirecte qui vient uniquement du nom de certains individus, il y a l'influence directe et limitée que ces
individus déploient sur tous ceux qui les entourent, en les
encourageant à les suivre avec la parole et surtout par
l'exemple.

---

(1) Consultez les deux monographies de M. Alongi : *La Maffia*, Turin,
Bocca, 1886, et *La Camorra*, Turin, Bocca, 1889.

(2) Les bandes internationales de Gasco et de Catusse étendent les
mailles de leur filet dans toutes les grandes villes de l'Europe et même
dans celles d'Amérique. M. Joly dans son ouvrage *Le Crime*, en parle
page 159 et suiv., très longuement. En Italie, par bonheur, on n'est pas
encore arrivé à ces phénomènes extrêmes d'organisation internationale :
on a eu pourtant le procès de la *Mala Vita* à Bari, avec plus de 100 accusés, et à Rome on instruit au moment où j'écris, un procès par association des malfaiteurs contre plus de 150 accusés.

Dans les milieux criminels, c'est tout à fait la même chose.

Beaucoup d'individus doués d'une intelligence très médiocre et d'un sens moral débile, s'ils ont le malheur de rencontrer sur leur route un de ces délinquants de talent qui possède ce que le D' Despine appelait la *perversité active,* seront bien vite démoralisés à jamais. Ce n'est pas qu'ils éprouvent spontanément le désir d'imiter celui qui est devenu leur maître : au contraire, au commencement, ils ont pour lui une répulsion instinctive ; mais lentement corrompus par des promesses ou par l'intimidation, ils deviennent en peu de temps ce qu'on veut qu'ils deviennent.

« Parmi les employés actuellement à Mazas, raconte le D' Aubry (1), se trouve un tout jeune homme, 18 ans, appartenant à une famille très honorable et qui, le jour où il est venu rejoindre ses complices au Dépôt, témoignait par d'abondantes larmes, de son profond repentir. Le malheureux raconta à M. Goron qu'après avoir subi un premier entraînement, il avait été forcé de continuer à voler, menacé par un des principaux réceleurs d'être dénoncé par lui s'il s'avisait de vouloir redevenir honnête. « Et puis, tu sais, ajouta le misérable en manière d'argument final, le code de notre société est formel : la désertion, c'est la mort. Avis ».

(1) Aubry *La contagion du meurtre,* page 44.

Dans la bande Lemaire, à la tête de laquelle était un nommé Villert, le plus intelligent de tous, qui organisait et dirigeait les complots, Lemaire n'avait point d'initiative ni de courage : on l'entraînait par l'amour-propre et par l'eau-de-vie. « On me faisait boire, dit-il, et quand j'hésitais on se moquait de moi (1). » Sa tante, une voleuse, le poussait aussi au crime en lui disant : « Marche, Henry, marche toujours! »

Un nommé Gibras, paysan de vingt ans, condamné plusieurs fois pour vol et pour meurtre, crimes commis en complicité avec d'autres, interrogé par Lauvergne sur ses crimes, répondit, en faisant allusion à ses complices : « C'était plus fort que moi; je les suivais comme un chien (2). »

Avril devint, pour les mêmes raisons, le complice fidèle et dévoué de Lacenaire. « Moi je serai la tête, toi le bras », lui disait celui-ci dans la prison de Passy pour le décider à se mettre avec lui (3).

Dans l'affaire Campi (mars 1884), le témoin Arnaud, *mouton* placé dans la cellule de l'accusé pour essayer de surprendre son secret, déclara que Campi avait tellement excité ses co-détenus que l'un d'eux, plus que sexagénaire, s'était résolu à tuer, en sortant de prison, sa femme contre laquelle il avait des griefs (4).

---

(1) H. Joly · *Le Crime*, page 137.
(2) E Ferri · *L'Omicidio* (sous presse), première partie
(3) Despine : *Psychologie naturelle*, vol. II, page 433
(4) Aubry ouvr. cit , page 12

Cette révélation prouve une fois encore combien est vraie la confession d'un criminel (le numéro 357 de l'Atlas de *L'Omicidio* de M. Ferri) qui disait en parlant de la prison : « Ici, les plus intelligents et les plus instruits apprennent aux autres la meilleure manière de commettre les crimes : on ne fait pas autre chose. »

Victor Hugo a écrit qu'un grand criminel dans son cachot est comme un peintre dans son atelier : *il rêve un nouveau chef-d'œuvre*. Et cela est bien juste. « Les vols bien faits, disait le voleur Maillot (1), se méditent toujours en prison. » Mais Victor Hugo devait ajouter que dans ce rêve d'un chef-d'œuvre le peintre n'est presque jamais seul, car il s'associe ses co-détenus. La prison est une grande usine où l'on forge des crimes, et dans laquelle on entre pour se corrompre et de laquelle on sort pour y revenir. M. Setti disait très justement que la prison peut être comparée au chacal, la bête hideuse qui ravale la nourriture vomie (2).

« Tenez, monsieur le préfet, disait un détenu à M. Gisquet, je ne regrette qu'une chose, c'est de n'être condamné que pour un an ! Si j'en avais pour cinq années, on m'eût envoyé dans une maison centrale. Au moins, là, j'aurais trouvé de vieux routiers qui m'auraient enseigné quelque bon tour, et je serais revenu à Paris assez habile pour

---

(1) Moreau, ouvr. cit., page 16

(2) A. Setti *La condanna condizionale*, dans la *Rivista di disciplina carceraria*, 1890

faire comme tant d'autres, qui n'ont plus besoin de travailler, qui sont à leur aise et se promènent la canne à la main (1). »

Les criminels d'occasion, en arrivant à la prison, sont étourdis et effrayés par les discours qu'ils entendent débiter autour d'eux, mais ensuite « ils reçoivent des conseils, des encouragements, des offres de service même de leurs nouveaux camarades, se familiarisent avec eux, leur racontent quelques particularités de leur condamnation en proclamant leur innocence (car il est à remarquer que presque tous les condamnés, ceux surtout sortis des campagnes, par un reste de pudeur sans doute, veulent être innocents), jusqu'à ce que cette prétention devienne contre eux un sujet de raillerie et de mépris de la part des vieux criminels qui n'aiment pas à voir des honnêtes gens dans leur société. Encouragés par ces reproches de l'expérience, honteux de n'être pas encore à la hauteur des sentiments de leurs amis, ils dépouillent à la hâte le vieux levain, ouvrent leur cœur et leurs oreilles aux leçons de la sagesse et aux conseils de la supériorité, et deviennent en peu de temps capables de professer à leur tour les mêmes maximes de conduite » (2).

---

(1) *Mémoires de M. Gisquet*, écrits par lui-même, Bruxelles, 1841, tome VI, page 220. Sur l'influence délétère des prisons, consultez Laurent, *De l'action suggestive des milieux pénitentiaires* (communication faite au Congrès international d'hypnotisme tenu à Paris en 1889), et l'ouvrage de Lombroso, *Les Palimpsestes des Prisons* (Lyon, Storck, 1983)

(2) Appert *Bagnes, prisons et criminels*, tome III, page 12.

Si la comparaison ne paraissait pas un peu hardie, je dirais que les criminels d'occasion qui sont tombés dans le crime par faiblesse plus que par méchanceté, une fois glissés dans ces milieux malsains, comme la prison et les lieux mal famés, où les plus féroces et les plus rusés commandent aux autres, doivent presque fatalement, par une loi de *mimisme psychique* prendre les habitudes, les penchants, les sentiments de leurs compagnons. De même qu'il y a des animaux qui, pour s'effacer aux yeux de leurs ennemis et se mieux défendre d'eux, prennent la couleur du milieu dans lequel ils vivent (1), les hommes d'un caractère faible et qui ont un sens moral peu développé, pour éviter que leurs amis déjà pervertis les raillent ou même les insultent, prennent la *teinte morale* de ceux qui les entourent.

C'est la vieille fable de la poire moisie et de la poire fraîche, c'est, en un mot, la loi trop connue de l'influence du milieu, sous un aspect un peu moins vulgaire.

⁎
⁎ ⁎

Nous ne croyons pas nécessaire, du moins pour le moment, de nous étendre sur ce sujet, ni même de fournir d'autres exemples sur la suggestion dans le crime, car

---

(1) Sur le phénomène du mimisme, qui dérive de l'instinct de conservation consultez Weissmann, *Studien zur Descendenz Theorie*, Leipzig, 1876, page 10 et suiv., Girard, *La nature*, 1878, pag. 109, Darwin, *Origine delle specie*, trad. ital, Turin, 1875, p. 467; et Canestrini, *La teoria di Darwin*, Milan, Dumolard, 1887, IIe ed, p. 263.

aucun phénomène n'a été plus largement étudié que celui-
ci depuis que le monde scientifique a reconnu l'existence
de la suggestion à l'état de veille, à côté de la suggestion
hypnotique. Si l'on voulait s'arrêter sur ce sujet désormais
très commun, on ne pourrait que répéter des choses déjà
connues, et d'ailleurs ce que nous avons de nouveau à
dire trouvera sa place dans une autre partie de cet
ouvrage.

Nous avons écrit les pages qui précèdent parce qu'il
ne nous semblait pas inutile de décrire le phénomène de
la suggestion d'une manière logique, en prenant comme
point de départ sa forme plus générale et plus diffuse
pour arriver jusqu'à la forme plus directe et plus personnelle, et surtout parce qu'il était absolument nécessaire
de s'occuper de ce phénomène avant d'étudier les différentes formes de l'association criminelle qui a dans la
suggestion sa première, sinon sa seule cause.

CHAPITRE I

Le couple sain, le couple suicide et le couple fou

I

Il en est des phénomènes sociologiques comme de tous les autres phénomènes. On ne les remarque que lorsqu'ils ont atteint un degré aigu de manifestation, de même que la note aiguë seule blesse notre tympan et que la lumière vive, brillante, frappe notre vue. Les sons moyens et les demi-teintes n'impressionnent pas, ils passent inobservés.

C'est pour cela que l'association entre criminels a attiré l'attention des écrivains seulement dans ses formes plus graves lorsque les associés sont nombreux, que l'association a étendu ses réseaux en de nombreux endroits, et que les crimes qui en sont le but sont atroces; mais on a parlé rarement et brièvement, des petites associations, formées de peu d'individus créées pour commettre un seul crime ou, du moins, un petit nombre.

J'avoue qu'il est plus naturel et plus logique de se
préoccuper de la forme plus dangereuse et plus rare de
l'association criminelle que des autres, mais j'affirme
aussi que celles-ci ne sont pas négligeables. Le médecin
étudie avec très grand soin les maladies les plus graves,
mais il ne dédaigne pas l'examen des plus légères.

En outre il est certain que, pour avoir une idée exacte
et complète de n'importe quel fait, il est nécessaire de
remonter à son origine première, à sa forme initiale. Le
passage du simple au complexe est non seulement la loi
qui préside au développement de tout organisme, mais
encore la loi qui gouverne l'acquisition de toute connaissance exacte.

Et voilà pourquoi je considère insuffisante l'étude de
la *maffia*, de la *camorra* et du brigandage pour faire
connaître intimément l'association entre les criminels,
qui est un phénomène complexe. Pour pouvoir en comprendre la raison intime, en posséder tous les secrets,
nous devons descendre encore plus bas, arriver jusqu'aux
formes embryonnaires où le lien criminel germe, faible et
indécis, et puis l'accompagner dans ses transformations
successives, tandis qu'il prend force et devient plus net.
C'est seulement par là que nous arriverons à pouvoir le
juger, car nous n'en aurons plus l'idée imparfaite qui se
forme lorsque l'on considère un organisme à son dernier
degré de développement, mais une idée claire et complète,
résultat d'une observation qui, commencée à la naissance

de l'organisme, l'a ensuite suivi à travers toutes les phases de sa vie.

En entreprenant avec ces idées l'étude de l'association entre criminels, il est clair que l'association de deux seuls individus sera la première forme à laquelle nous devrons nous arrêter. C'est le phénomène plus simple d'association, et tous les autres en tirent nécessairement et inévitablement leur origine.

Comment et pourquoi prend naissance une association entre deux délinquants? Quels sont les caractères psychologiques de cette association à laquelle je donne le nom de *couple criminel*?

Cette question sera l'objet de notre ouvrage. Et, donnant d'avance une réponse qui, selon la logique, devrait se placer à la fin, mais que les idées exposées dans l'introduction nous permettent d'exposer dès à présent, nous dirons que la société entre deux délinquants a pour cause le phénomène de la suggestion.

Un pervers qui corrompt un faible, un esprit mauvais qui pousse au crime un homme d'intelligence médiocre et d'un sens moral débile, un criminel-né qui fait son esclave et son instrument d'un délinquant occasionnel, — voilà le couple criminel.

Mais cette *forme à deux* de la suggestion n'est pas seulement le propre du monde des coquins, elle a également lieu, naturellement par d'autres moyens et avec des effets différents, mais pour la même raison, dans le monde des honnêtes gens, et dans les formes non criminelles de dégénération, comme le suicide et la folie.

Or, comme notre méthode consiste à etudier parallèlement tous les phénomènes dus à la suggestion, qu'ils appartiennent à la physiologie ou à la pathologie sociale, nous analyserons la *forme à deux* de la suggestion dans chacune dés sphères où elle se manifeste, et cet examen nous aidera sûrement dans la suite, à mieux comprendre et à mieux expliquer la *forme à deux* de la suggestion dans le monde des criminels.

II

Commençons par la sphère normale.

Ne voyons-nous pas dans la vie de tous les jours et dans le milieu honnête se former un lien entre deux individus, lien créé par le charme ou l'empire que l'un d'eux exerce sur l'autre ?

L'amour sexuel et l'amour entre frère et sœur qui en est le pâle et chaste reflet, ne dérivent-ils pas d'une inconsciente suggestion que l'un des amants ou des frères exerce sur l'autre, et qui donne comme effet la coïncidence des cœurs de deux personnes en une étrange unité de pensées et de sentiments?

Qu'est-ce que l'amitié, qu'est-ce que le culte d'un élève

pour son maître, sinon le résultat de cette force que nous sentons sans la connaître et qui nous entraîne en ne nous laissant même pas la possibilité d'une révolte ?

Le phénomène plus curieux, au point de vue intellectuel, de cette suggestion mutuelle, c'est peut-être la *collaboration à deux*.

L'histoire littéraire nous donne quelques exemples de ce phénomène; ce sont deux artistes qui se rencontrent, se comprennent et s'unissent pour créer une œuvre d'art.

Le public n'a pas jusqu'ici pensé a expliquer, ni même à étudier cette intéressante forme d'association. Il l'a attribuée au hasard, à l'occasion et ne s'est jamais demandé pourquoi ces deux intelligences se sont réunies et quelle part a prise chacune d'elles à l'œuvre commune.

S'il avait fait cette recherche, il aurait probablement découvert que c'est par une loi mystérieuse d'affinité que cette union avait eu lieu, parce que chacun d'eux exerçait sur l'autre une sorte de charme, — il aurait aussi découvert que, dans cette union qui donnait une œuvre organique qu'au premier abord on aurait pris pour la création d'une seule pensée, chacun d'eux avait apporté des qualités différentes, — et il aurait clairement compris que, tandis que l'un pensait, l'autre faisait; l'un était la forme, et l'autre l'idée.

Les frères Goncourt sont la révélation, et en même temps, la preuve de cette absorption réciproque, de cette fusion complète de deux talents qui arrivent à former une unique personnalité artistique.

Et c'est devant leurs livres qui, contrairement aux autres ouvrages dus à la collaboration, ne présentent ni faiblesses, ni disproportions, que nous nous demandons : « Quelle est la part de l'un des frères, et quelle est la part de l'autre ? Quelles sont les facultés intellectuelles apportées séparément par Edmond et par Jules à l'œuvre commune ? »

Commençons par dire, avant de nous lancer dans cette délicate et difficile analyse de chimie psychologique, que le système de travail des deux frères est connu.

Lorsqu'ils voulaient faire un roman, ils commençaient par recueillir en quantité des notes et des *documents humains*, — c'est à eux qu'est due cette expression. Ils pénétraient, pour les observer minutieusement, dans les divers milieux qui devaient servir de cadre à leurs personnages, et tirant souvent parti des quelques notions de la peinture qu'ils possédaient, ils faisaient des esquisses et des aquarelles pour les descriptions capitales du livre. Puis, en de longues conversations, ils tombaient d'accord sur la donnée, les scènes, les épisodes, et lorsqu'une rigoureuse clôture de plusieurs jours leur avait donné cette fièvre hallucinatrice qui, selon les deux frères, était indispensable pour pouvoir vivre le sujet qu'ils avaient choisi, de façon à donner à leur pensée l'illusion de l'existence réelle de ces personnages que cette même pensée

avait formés et de la vérité des évènements créés par leur
imagination, ils s'asseyaient à la même table, après
avoir une dernière fois établi le chapitre à faire dans la
journée, et ils l'écrivaient, chacun pour son compte. En
dernier lieu, ils lisaient les deux versions et les fondaient
en une seule qui était la définitive.

Mais tout ceci ne nous explique qu'en partie le mystère
d'une telle collaboration ; il sera peut-être utile pour mieux
déchirer le voile de recueillir les révélations que fait
Edmond dans les *Frères Zemganno*, narration, sous une
allégorie transparente, de l'ancienne vie à deux.

« Tous deux, écrit-il, ouverts à ce langage magnétique
des choses de la nature qui, pendant la nuit et le jour,
parlent muettement aux organisations raffinées, aux intelligences d'élection, étaient cependant tout différents. Chez
l'aîné, les dispositions réflectives et les tendances son-
geuses de son être, surexcitées par une singulière activité
cérébrale, appartenaient tout entières, dans sa profession de la force et de l'adresse physique, à l'invention
abstraite de conceptions gymnastiques presque toujours
irréalisables, à la création de rêves clownesques impos-
sibles à mettre en pratique, à l'enfantement d'espèce de
miracles demandés aux muscles et aux nerfs d'un corps.
Du reste, même dans la pratique matérielle de ce qu'il
exécutait, Gianni donnait une large part à la réflexion et
à l'action de la cervelle..... Le plus jeune, plus paresseux
d'esprit que Gianni et avec un balancement plus grand

de la pensée dans le bleu, en un mot, plus bohémien de
la lande et de la clairière, et par cela plus poète, vivait
dans une sorte de rêvasserie heureuse, souriante pour
ainsi dire, sensuelle, et d'où tout à coup jaillissaient des
imaginations moqueuses, des fusées d'une gaieté atten-
drie, des excentricités folles. *Et ces qualités faisaient
tout naturellement de Nello l'arrangeur, le trouveur
de jolis détails, le pareur, le fioritureur de ce qu'in-
ventait de faisable son frère.* »

Cette précieuse page autobiographique nous permet
d'affirmer, comme nous l'indiquions sommairement plus
haut, que des deux frères c'était Edmond qui organisait,
qui bâtissait l'œuvre commune et qu'ensuite Jules répan-
dait sur chaque page les vivacités exquises de sa fantaisie
ailée, sa verve intarissable, son esprit plein de sarcasmes
qui rappelle en même temps Henri Heine et Beaumarchais.

Jules en outre possédait des qualités exceptionnelles
pour le dialogue, tandis qu'Edmond, par excès de modestie
peut-être, confessait dans une lettre adressée à Zola, d'en
être entièrement dépourvu ; mais il eut toujours en .
revanche un plus profond, un plus intense sentiment de
la nature.

Jules, parisien jusqu'au bout des ongles, n'aimait
la campagne qu'en peinture, il avait, au milieu des arbres,
la nostalgie des boulevards, des murs couverts d'affiches
polychrômes, de la foule bruyante et variée de la capitale;
Edmond, au contraire, quoi qu'il n'eut pas non plus une

grande passion pour les champs, fait pourtant voir qu'il en comprend la majestueuse et tranquille poésie, et il nous en donne une preuve éloquente dans sa splendide description d'un coucher de soleil sur un campement de bohémiens en rase campagne, avec laquelle il commence les *frères Zemganno*.

Nous pouvons donc dire qu'Edmond est un penseur et un philosophe, qui a souvent des préoccupations humanitaires, et le premier roman qu'il a écrit seul, *la fille Elisa*, en est une preuve. Il a, par tempérament, des tendances romantiques qui sont restées, pendant les vingt années de travail en commun, étouffées sous l'esprit de Jules, plus indépendant, plus calme, et qu'une naturelle inclination vers le sarcasme empêchait de glisser sur la pente rapide d'une fantaisie sentimentale. Ses tendances romantiques se sont manifestées d'une façon particulière dans la *Faustin*, ce roman délicieusement suggestif qui, plus clairement que tous les autres, met en pleine lumière l'individualité toute particulière d'Edmond.

Quant au style, l'on voit clairement dans les premiers livres, qu'il est formé de deux styles disparates, l'un passionné pour Jules Janin, celui du frère cadet, l'autre passionné pour Théophile Gautier, celui du frère aîné ; mais dans la suite ces deux styles se sont amalgamés en un seul entièrement personnel, s'étant dépouillé et du sautillement excessif de Jules Janin et de la grosse matérialité de Théophile Gautier, un style nerveux, raffiné.

exprimant les impressions les plus faibles et les plus
rapides, les sensations les plus variées et les plus com-
pliquées, et qui, par une fusion qui tient du miracle,
appartient aux deux frères.

Telle est la diversité de ces deux talents, diversité que
l'on arrive seulement à découvrir à l'état embryonnaire,
car, le temps et la vie en commun aidant, les esprits des
deux frères s'étaient si bien pénétrés, ils sentaient et ils
pensaient si bien ensemble et ils éprouvaient si exactement les mêmes sympathies et les mêmes antipathies,
qu'il est impossible de séparer ce qui se rapporte à la vie
intellectuelle de l'un ou de l'autre.

Et ces rapports qui existaient déjà naturellement entre
eux allèrent s'accentuant chaque jour davantage sous
l'influence de l'indivisibilité de leur vie, non-seulement
morale, mais encore physique, car pendant les vingt-
deux ans que dura la vie en commun, ils ne passèrent
qu'une fois, à cause d'un accident de chemin de fer, toute
une journée éloignés l'un de l'autre. Leurs deux cerveaux
s'étaient si bien habitués à penser de la même façon qu'il
leur est souvent arrivé d'écrire en même temps la même
phrase, la même image ; et Théophile Gautier affirme
qu'il prenait Jules pour Edmond et finissait avec l'un
d'eux la conversation commencée avec l'autre : il ne
s'apercevait en rien d'avoir changé d'interlocuteur, car
celui des deux frères qui se trouvait présent reprenait, sans
la moindre hésitation, l'idée là où l'autre l'avait laissée.

Conformité d'âme étrange et touchante, d'autant plus étrange que les Goncourt n'étaient pas jumeaux, Edmond était plus âgé de huit ans que son frère. Ils ne se ressemblaient même pas physiquement, car l'aîné était plus haut de taille, brun et d'une physionomie sérieuse, un peu sombre même, tandis que le cadet était blond, efféminé, souriant (1).

Etrange et compliqué phénomène de suggestion mentale mutuelle, à travers lequel nous pouvons pénétrer dans les plis les plus cachés du cerveau, et que l'on pourrait définir avec l'expression d'un fin lettré de mes amis le microscope des infiniment petits de l'âme! — Etrange fusion intellectuelle, qui trouve son origine et son développement dans deux courants de facultés intellectuelles diverses et qui à tour de rôle fait que l'une sert d'instrument à l'autre pour arriver à atteindre un but commun (2).

Mais l'esprit n'est pas seul à connaître ces unions intimes qui fondent deux personnes en une seule; le cœur

(1) Voir une étude de Vittorio Pica. — *Due libri giovanili dei fratelli Goncourt.*

(2) Il y a d'autres exemples de *collaboration a deux,* non seulement dans l'art (Erckmann et Chatrian ; Georges Sand et Jules Sandeau, etc..) mais aussi dans la science (Guillaume Herschel et sa sœur Catherine ; les frères Schlaginkweit ; les frères Croiset, auteurs d'une histoire de la littérature grecque etc...). Je me suis borné à analyser la collaboration des de Goncourt, d'abord parce que ces deux frères présentaient le cas plus étrange de suggestion mutuelle, ensuite parce que je ne pouvais pas m'arrêter longuement sur ce sujet Peut être serait-il utile d'étudier aussi ce phénomène au point de vue artistique et littéraire, mais ce n'est pas le lieu ici

aussi présente des phénomènes semblables, et comme les pensées, les sentiments des deux êtres se confondent parfois si bien, qu'il est impossible de distinguer ce qui est propre à l'un ou à l'autre.

Mais en de pareils cas, qui se présentent surtout dans les passions amoureuses, le caractère, le tempérament et les tendances de chacun se conservent également toujours distinctes.

Voyons si la psychologie de deux amants se développe et se dessine d'une façon parallèle à la psychologie de deux collaborateurs (1).

On dit qu'en amour l'un des deux aime et l'autre est aimé, et la phrase est, psychologiquement parlant, plus vraie qu'elle n'en a l'air. On ne veut pas dire par là qu'il y ait toujours parmi les amants un altruiste qui se donne tout entier et un égoïste qui reçoit sans rien rendre, — ce serait une interprétation fausse, étant trop absolue, — mais l'on veut dire que dans toutes les grandes affections qui unissent deux personnes l'une de celles-ci conserve toujours en quelque sorte une supériorité inconsciente sur l'autre, qui à son tour, inconsciemment aussi la reconnaît. La volonté de l'un s'exécute plus souvent que celle de l'autre, plus parce que l'un obéit à sa propre volonté que

---

(1) Dans la *Revue des Deux-Mondes* du 1er nov. 1892, a paru une intéressante nouvelle intitulée *Collaboration*, dont on dirait que la donnée est prise de la vie des de Goncourt, avec cette seule différence que les protagonistes-auteurs, au lieu d'être deux frères sont mari et femme. Cette œuvre est une analyse minutieuse et on y trouve en foule des observations de psychologie à deux d'une grande finesse.

parce que l'autre commande ; leurs tendances et leurs habitudes deviennent peu à peu les mêmes, non parce qu'elles l'étaient auparavant, mais parce que celles de l'un ont doucement pris le dessus.

Parfois ces deux courants psychologiques, qui se déterminent d'une façon plus ou moins vive, plus ou moins profonde dans chaque passion, atteignent un si haut degré d'intensité qu'elles constituent deux formes d'amour absolument différentes, et nous voyons alors que tandis que l'un est heureux de se donner tout entier à l'être aimé et l'entoure d'une affection formée d'humilité et de tendresse, l'autre accepte cet hommage de tout un être et y répond par une affection dans laquelle il n'y a ni humilité ni tendresse mais bien protection et soutien.

On n'aime jamais comme l'on est aimé, — a dit un grand psychologue (1); — et peut-être l'art d'être heureux en amour consiste-t-il à tout donner sans rien demander. C'est le mot admirable de Philine à Wilhelm dans *Gœthe* : Si je t'aime, est-ce que cela te regarde ?

Et c'est le cas de presque tous les amours des hommes célèbres. La renommée, en grandissant leur effective supériorité morale et intellectuelle, les fait paraître des idoles dignes d'être adorées plutôt qu'aimées par l'ardente et souvent hystérique faculté imaginative des femmes; et leurs maîtresses ont en effet pour eux une vénération et

(1) Paul Bourget — *Physiologie de l'amour moderne* — Méditation XIIme.

un dévouement sans limites et s'estiment suffisamment payées d'un regard ou d'un sourire. « Vous savez bien, écrivait Héloïse dans une de ses sublimes lettres d'amour, que dans le temps même que nos amours pouvaient n'être pas si pures, je n'ai jamais aimé l'homme en vous. Combien vous ai-je témoigné de répugnance pour le mariage? Quoique je connusse bien que le nom de femme était auguste parmi les hommes et saint dans la religion, je trouvais plus de charmes dans celui de votre maîtresse. Les chaînes du mariage portent un attachement nécessaire qui ôte la gloire d'aimer, que je voulais me conserver. Combien de fois vous ai-je protesté qu'il m'était plus doux de vivre avec Abeilard comme sa maîtresse que d'être impératrice avec Auguste et que je trouvais plus de douceur à vous obéir qu'à voir sous mes lois le maître du monde? » (1)

Mme Carlyle, qui était une femme très fière, fut la plus docile esclave de son bizarre et cruel mari : elle l'épousa lorsqu'il était obscur et pauvre; elle lui donna toute sa fortune pour qu'il pût travailler sans soucis; elle se retira pour lui faire plaisir, à Kragenputtock, où le climat était très dangereux pour sa santé : — et pour la récompenser il la chassa de son étude, en l'obligeant à

(1) Heloisse, epistola I. — De G Ferrero : *La crudelta e la pieta nella femina e nell donna* (dans l'*Archivio di psichiatria*, vol.XII, fas. V - VI) Voyez aussi au sujet des amours des génies : Silvio Venturi : *Le degenerazioni psico sessueli*, Bocca 1892, p 304. La biographie et la correspondance des hommes célèbres nous fournit une foule d'observations à ce sujet

lui coudre ses habits et ses souliers, à lui faire cuire le pain. M. Carlyle ne lui parlait jamais pendant des mois entiers, ne s'occupait pas d'elle, même lorsqu'elle était malade, la forçait à assister à ses *flirtations* avec les dames de l'aristocratie anglaise, et néanmoins elle n'eut jamais une parole de reproche. « Faites le possible, lui écrivait-elle, pour être patient et indulgent avec votre petite Gooda (c'était son petit nom) parce qu'elle vous aime et est disposée à faire tout ce que vous voudrez... Mais si mon maître n'a ni une parole, ni un regard pour moi, qu'est-ce que je puis faire si ce n'est pas de désespérer et me ronger en dedans? » M. Carlyle, après la mort de sa femme, disait avec remords qu'elle avait été dans les années de misère et d'obscurité comme un coussin entre lui et les malheurs. « Elle avait toujours quelque chose d'amusant à me dire, quelque historiette gracieuse à me raconter... Jamais une parole qui eût pu m'attrister ou m'ennuyer, mêmes dans les pires journées... Elle taisait tout ce qui était triste et le tenait pour elle seule... (1).

Et du reste, sans remonter à ces cas exceptionnels qui ne sont que l'exagération morbide d'un fait universel, nous pouvons, par le simple examen des cas plus fréquents et plus ordinaires, nous convaincre de cette vérité que, de deux amants, l'un *dépend* toujours de l'autre.

(1) A. Barine : *Portraits de femmes*, Paris, 1886.

L'on dit, en effet, couramment, que deux personnes sympathisent l'une avec l'autre lorsque, tout en ayant quelques notes fondamentales du caractère très semblables, elles ont néanmoins des qualités et des défauts entièrement opposés.

« La femme qui nous ressemble, a dit Renan, nous est antipathique : ce que nous cherchons dans l'autre sexe est le contraire de nous-mêmes ».

Deux caractères trempés de même ne pourraient pas s'unir, ils se briseraient. Pour que deux roues d'engrenage puissent tourner ensemble régulièrement il faut que l'une ait la dent et l'autre la rainure : « pour donner naissance à une passion ou même à une sympathie, dit Schopenhauer, un phénomène est nécessaire que l'on peut uniquement exprimer par une métaphore tirée de la chimie ; les deux individualités doivent se neutraliser réciproquement, de même qu'un acide et un alcali se combinent pour former un sel neutre (1).

Et le bon sens a eu l'intuition de cette vérité en créant le proverbe italien : *i contrari si amano*, les contraires s'aiment. Les contraires s'aiment, selon moi, parce que l'amour n'est au fond que le *désir de se compléter*, physiologiquement et psychologiquement (2) et deux

_____

(1) Schopenhauer · *Le monde comme volonté et comme représentation*.

(2) Et cette même fatalité, qui a voulu que chaque espèce; vivante tendît à se perpétuer, a donné à l'homme ce désir instinctif : — « L'instinct, écrit Schopenhauer, représente, dans la plupart des cas, *le sens de l'espèce*, dont la mission est de présenter à la volonté les objets qui

individus se complètent justement lorsque l'un a ce qui manque à l'autre.

Or, en admettant que les contraires s'aiment, il en résulte clairement que l'un doit avoir un certain prestige moral sur l'autre. En effet, de la différence de certains aspects de l'esprit et du cœur, résultera nécessairement la différence des fonctions psychiques et intellectuelles que tous deux accompliront, tout en voulant atteindre le même but : l'un aura la volonté, l'autre l'exécution, l'un sera la tête, l'autre le bras.

Cette diversité de fonctions que nous trouvons dans le *couple sain*, est la première forme embryonnaire du phénomène de la division du travail qui arrive à une spécification toujours plus grande à mesure que des associations plus nombreuses viennent à se former. Chaque société trouve sa raison d'être dans l'utilité ou dans la sympathie : et la sympathie, selon l'observation profonde d'Espinas (1), n'est au fond que l'utilité future pressentie, devinée presque dans les ténèbres de l'inconscient, par les êtres qui de telle sorte se sentent attirés

peuvent profiter à l'espèce. » — Et il disait ailleurs en parlant particulièrement de l'amour « L'enthousiasme vertigineux dont se prend un homme à la vue d'une femme dont la beauté correspond à son idéal, et qui lui fait trouver dans la possession de celle ci la félicité suprême, n'est que *le sens de l'espèce* qui, reconnaissant là le type bien net de la race, aspire à la perpétuer avec cette femme ». — Le sens de l'espèce pousse donc l'individu, stérile à lui seul, à se compléter par un autre individu, car en se complétant il se perpétue

(1) A Espinas . *Des sociétés animales* — Paris, Germer Baillière, 2e ed , 1878, page 173.

les uns vers les autres (1). Même la plus petite des
sociétés, celle composée de deux individus, et même une
société créée par la sympathie, comme l'est celle dont
nous nous occupons, aura donc pour cause unique, bien
que cela puisse paraître étrange à un grand nombre de
personnes, l'intérêt ou l'utilité.

Et, vu que cette utilité se réduit à une division du
travail (et au perfectionnement qui en dérive) il est naturel que, de deux amants, l'un exercera également certaines fonctions différentes qui, *par conséquent*, seront
supérieures en un certain sens à celles de l'autre.

J'ai dit *par conséquent* car la diversité contient
l'idée de supériorité. L'organisation, selon la phrase
synthétique d'un philosophe positiviste est un synonyme de
subordination : les deux expressions sont équivalentes (2).
Lorsque plusieurs organes contribuent à former un organisme, il est certain que, bien qu'ils soient tous nécessaires, chacun d'eux aura physiologiquement une
importance plus ou moins grande en rapport aux autres ;
de même, lorsque plusieurs individus contribuent à former
une société il est certain que, bien qu'ils soient tous nécessaires, chacun d'eux aura une valeur sociale différente,

---

(1) Selon la fine hypothèse de Schopenhauer citée plus haut, il s'agirait
également dans ce cas du *sens de l'espèce* qui présente à l'individu, sous
la forme de la sympathie, un phénomène qui lui est utile.

(2) Voir Espinas : œuvre citée, page 176. — Nous comprenons du reste
par intuition que nulle société ne peut exister sans direction d'une part
et subordination de l'autre.

c'est-à-dire plus ou moins grande par rapport aux autres.
Il en sera, de par la logique, nécessairement de même
dans la plus simple des sociétés humaines, celle qui se
compose de deux seuls individus.

Mais laissons ces observations strictement scientifiques
à l'aide desquelles nous avons simplement voulu esquis-
ser fort légèrement la psychologie de l'association, et
revenons au phénomène de la suggestion. Il me semble
évident qu'on doit attribuer à ce phénomène le rapport de
dépendance spirituelle et intellectuelle qui s'établit parfois
entre deux individus et qui a une force plus ou moins
grande à mesure qu'il est le résultat d'une simple sympathie ou d'un charme irrésistible.

Faire des preuves de cette vérité me semble inutile, car
selon moi on la sent mais on ne la démontre pas.

La suggestion peut dans certains cas avoir une telle
force qu'elle arrive à mettre en harmonie, non-seulement
les goûts et les habitudes, mais encore l'expression, le
maintien et les pensées elles-mêmes. « Les rapports de
« tous les jours, écrivait Roger, les continuels frotte-
« ments de l'existence, établissent entre les deux êtres, par
« suite d'échanges imitatifs, une assimilation involontaire
« de nature, qui se retrouve dans l'organisation et dans le
« son même de la voix » (1). Et il nous est arrivé à tous,
en parlant avec une personne à laquelle nous unit la

(1) Roger : *Traité des effets de la musique sur le corps humain*, p. 265.

sympathie de nous écrier tout à coup : Je pensais ceci, et de voir qu'elle nous interrompt par ces paroles : tiens, c'est drôle, j'avais précisément la même idée (1).

Et quelle peut être la cause, si ce n'est la suggestion, de ces communications d'une âme à une autre, de cette coïncidence de goûts, de cette uniformité d'expressions extérieures des sentiments, comme la voix et la physionomie? N'est-il pas évident que l'un les aura, en toute inconscience, imitées de l'autre ?

III

Je ne sais si je suis arrivé à exprimer nettement ma pensée ; je suis, en tout cas, persuadé que tout le monde a pu vérifier cette observation faite par moi.

Dans la vie normale, lorsqu'aucun fait extraordinaire n'est venu en troubler l'uniformité, il est peut-être difficile de s'arrêter à chacun des cas particuliers de suggestion d'un individu à l'autre, car la forme dans laquelle se manifeste alors un tel phéomnène est faible et indistincte, mais lorsqu'il s'agit, non pas d'un amour dont

Les jours toujours sereins coulent dans les plaisirs,

(1) Voir ce sujet : Brierre de Boismont : *Du suicide,* etc., 2ᵐᵉ édit., p. 125 et suiv. et Rambosson : *Phénomènes nerveux, intellectuels et moraux, leur transmission par contagion.* — Paris, 188⁷.

comme dit Racine, mais bien d'un amour qui entraîne tout, comme un torrent débordé, la forme dans laquelle il se rend visible est plus apparente, et c'est alors que l'on voit facilement le grand rôle que la suggestion y joue.

Pourtant le phénomène est identique dans les deux cas, ce n'est qu'une affaire de degrés.

Lorsque nous nous trouvons en présence de ces drames assez fréquents dans lesquels une femme entraîne à sa suite un homme, en fait son esclave, lui fait oublier ses devoirs de mari ou de fils, sa dignité d'homme ou de citoyen, l'oblige à commettre pour elle toutes les folies, nous pouvons alors affirmer qu'il s'agit d'une personne froide et rusée qui attache derrière son char un faible ou un enthousiaste, en se servant de toutes les armes que l'art ou la nature ont mis à sa disposition ; nous pouvons affirmer que c'est un suggestionné que cet homme, qui ne manque ni de talent ni d'honnêteté et qui pourtant se laisse aller dans un filet dont les mailles deviennent plus étroites chaque jour, et dont il ne peut plus se délivrer ; il peut se révolter parfois, mais un regard de la femme fatale suffit à le faire se courber à ses pieds comme un fauve apprivoisé sous le regard de sa dompteuse. Il oublie tout et tous, car sa pensée s'est polarisée dans les désirs et les caprices d'une personne comme l'hypnotisé dans la volonté de l'hypnotiseur.

Or, si la suggestion, selon l'opinion générale, a une telle puissance, il est tout naturel qu'elle puisse conduire un des deux amants au suicide quand l'autre le veut ainsi (1). Pourquoi le *double suicide*, cette forme à deux de dégénération, devenue malheureusement aujourd'hui si fréquente, ne devrait-il pas dépendre du même phénomène dont dépend le couple sain ?

Selon moi cette analogie est toute ˜naturelle. Deux personnes qui se comprennent et qui s'aiment ne peuvent échapper à la grande loi qui règle les rapports existant entre eux par cela seul qu'au lieu d'être nés normalement constitués et d'avoir vécu dans la joie, ils sont nés, pour leur malheur, avec des tendances anormales et ils ont vécu dans un milieu plein de déboires et de douleurs qui leur a fait désirer la mort, ou du moins l'a fait désirer à l'un d'eux.

En effet, l'analyse psychologique des motifs qui poussent deux amants au suicide vient nous démontrer que la suggestion exerce son pouvoir ici comme ailleurs et que dans ces drames du sentiment, dans lesquels la part prise par chaque amant semble identique au premier abord, la conduite de l'un et de l'autre est toujours différente. Ici aussi c'est l'individu plus intelligent qui fait valoir sur l'autre son influence, c'est une volonté bien

---

(1) Pour pouvoir persuader une personne de se suicider, il est bien entendu qu'elle doit y être plus ou moins prédisposée. Je néglige le facteur anthropologique (ici comme dans le courant de cet ouvrage) d'abord parce que pour nous autres positivistes l'existence de ce facteur est sous-entendue et admise *a priori* dans toutes les actions humaines indistinctement, ensuite parce que cet ouvrage a pour objet de mettre en lumière la force du facteur social, c'est-à-dire de la suggestion.

déterminée qui en subjugue une plus faible, un bras qui exécute tandis que la pensée commande (1).

L'idée du suicide ne vient pas occuper en même temps leur pensée, elle germe d'abord dans la pensée de l'un, puis se communique à l'autre et, par une suggestion lente et continuelle, finit par se faire accepter. Le sacrifice de la vie répugne à l'un d'eux, soit à cause de ses scrupules religieux, soit à cause de son amour pour les siens, enfin par la force de l'instinct de conservation. A l'autre, au contraire, la mort apparaît comme la seule voie de salut, et cette pensée remporte la victoire et chasse toute idée contraire. Ce dernier (et c'est le plus souvent la femme), domine l'autre qui le suit et devient souvent un instrument aveugle entre ses mains. Car ce qu'il y a de plus étrange dans un double suicide par amour, c'est que celui qui décide l'autre à se suicider n'est presque jamais l'auteur matériel de sa propre mort et de celle de l'autre ; c'est le plus faible, celui qui ne voulait pas mourir et qui s'est laissé entraîner à ce parti extrême, qui frappe d'abord l'être aimé et se donne ensuite la mort (2). Ce phénomène

(1) Voir à ce sujet Chpolianski: *Des analogies entre la folie a deux et le suicide a deux*. Thèse de Paris 1885. — Garnier : *Le suicide a deux* (dans les Annales d'hygiène publique, mars 1891), — et mon étude : *L'évolution du suicide au meurtre dans les drames d'amour*. Turin, Bocca 1891, réimprimée, revue et corrigée, en appendice à la 3ᵉ édit. de *Omicidio Suicidio* de Ferri et reproduite avec quelques modifications à la fin de cet ouvrage.

(2) Dans mon étude déjà citée, j'ai recueilli quatre cas de *double suicide* exécutés matériellement par celui des deux amants qui obéissait à la suggestion de l'autre ; le double suicide du docteur Bancal et de Zélie Trousset, celui de Céline M. et de Pierre S., celui de Marguerite Vagnair et de Tony Auray, et enfin celui de E. Kleist et de Mᵐᵉ Vogel. Voir l'appendice. Brierre de Boismont (*Du suicide*, etc. p. 130) rappelle un cas semblable aux précédents.

est une nouvelle preuve de cette division des fonctions
dont j'ai déjà parlé et que nous retrouverons aussi
dans le couple criminel. Dans le couple criminel, comme
dans le couple suicide, l'un pense et l'autre agit. L'exécu-
teur du crime, comme du suicide, est presque toujours
celui qui au premier abord en avait repoussé l'idée ;
l'instigateur ne fait que jeter dans l'âme de son compagnon ce germe qui, grandissant peu à peu, s'emparera tout
entier de lui et lorsqu'il voit que le travail de suggestion
s'est accompli il s'efface et laisse l'autre agir. Son rôle
est terminé désormais.

Si les proportions de cette étude le permettaient, que
de faits ne pourrait-on pas citer à l'appui de ce que nous
affirmons! Par combien de documents humains ne pour-
rions-nous pas prouver la vérité de nos observations (1)!
Mais nous voulons arriver au plus vite au véritable sujet

(1) Quant à la suggestion dans le suicide, les faits peuvent se trouver
non seulement dans Brierre de Boismont, dont les ouvrages sont une mine
d'or, mais encore dans Lbiard : *Le suicide considéré au point de vue
médical, philosophique, etc.*, spécialement au chap. VII; dans Primerose :
Maladies des femmes; dans Spon : *Histoire des antiquités de la ville de
Lyon*, et dans la *Gazette de santé*.
Quant au phénomène général de la suggestion, et particulièrement sur
le phénomène de la suggestion de l'un sur l'autre, voir, outre les ouvrages
récents, Tarde : *Les lois de l'imitation*, Alcan, 1890; Sergi : *Psicosi epide-
mica*; Rambosson, ouvr. cité; Roger, ouvr. cité, Bouchut : *De la contagion
nerveuse et de l'imitation dans leurs rapports avec les maladies nerveuses*,
1862; *Dictionnaire des sciences médicales*, à l'art. *Imitation*, Lucas, *De
l'imitation contagieuse, ou de la propagation sympathique des névroses et
des monomanies*, Paris, 1833; Calmeil · *De la folie considérée sous le point
de vue pathologique, philosophique*, etc., Paris, 1845; Despine : *De la contagion morale*, 1870, et dans d'autres ouvrages, Joly : *De l'imitation*, dans
l'*Union médicale*, année 1869, et Moreau, de Tours, aussi dans l'*Union
médicale*, t. XXII.

de notre ouvrage, et d'ailleurs nous avons déjà traité cet intéressant sujet dans une autre publication ; nous le reprendrons peut-être un jour.

Il nous suffit ici de faire observer que le double suicide de deux amants est la manifestation extrême où peut atteindre cette forme à deux de la suggestion qui renferme toute l'intime psychologie de l'amour, souvent restée inconnue.

Cette suggestion naît tout d'abord en nous d'une façon si faible et si larvée qu'elle nous laisse l'illusion de la liberté de nos actes ; en effet, lorsque nous cherchons à aller au-devant des désirs de la personne aimée, nous nous croyons libres de toute influence, nous ne pensons pas que le charme de la suggestion commence à se faire sentir par cela même qu'il a placé en nous ce désir invincible ; dans la suite, l'influence devient plus forte et nous la sentons alors cette douce tyrannie qui modifie nos idées et nos sentiments, et jusques aux expressions physiques des uns et des autres ; enfin lorsque, pour n'importe quel motif, l'amour dégénère en passion morbide, la force de suggestion prend aussi une forme exagérée, pathologique et par cela même plus puissante. Elle peut arriver à causer la ruine de l'un des deux amants à cause de l'autre, ou le suicide de tous deux.

Voilà le trajet que suit, ou peut suivre, la suggestion amoureuse.

IV

S'il est très naturel que le couple suicide présente des caractères semblables à ceux du couple sain, vu qu'ils ne sont que les anneaux extrêmes de la même chaîne, il est au contraire fort étrange qu'un troisième, le *couple fou*, soit parallèle à ces deux derniers. Le fou ne s'associe à personne, c'est là même un de ses caractères spécifiques; il vit seul, perdu dans son triste rêve, et si le milieu qui l'environne a le pouvoir de produire en lui des sensations, ces sensations n'arriveront jamais à créer un rapport durable quelconque avec d'autres personnes. Son nom lui-même le dit : *aliéné*, ce qui, en latin, veut dire étranger, étranger à ce que l'on fait et à ce que l'on dit autour de lui : il est séparé et éloigné du monde.

Il suffit d'avoir une seule fois visité une maison d'aliénés pour se convaincre de la vérité de cette observation : les pauvres fous ne parlent que rarement entre eux, et s'ils se parlent c'est pour se dire des choses insignifiantes; ils ne se communiquent pas l'idée d'un *coup à faire*, encore moins méditeront-ils   complot : c'est une action qui leur est inconnue que de se réunir à d'autres pour atteindre plus facilement au but.

Ce caractère distinctif de la folie, que Tarde définissait

avec une heureuse expression, l'*isoloir de l'âme* (1) est
si constant et si absolu qu'il ne présente aucune exception
apparente, et donne même l'une des règles les plus sûres
pour distinguer le fou (dans le sens restreint de celui qui
est frappé de folie intellectuelle) du criminel-né ou fou
moral, qui, au contraire, s'associe facilement à ses compagnons.

On a cru voir une exception dans les fous épileptiques.
Ces derniers ne sont pas toujours solitaires, ils cherchent
même à nouer amitié entre eux, pour ainsi dire, et
méditent parfois de compagnie des projets d'évasion (2).
Mais ce fait, qui paraissait une contradiction à un principe de la science a été expliqué par Cesar Lombroso
avec sa remarquable et heureuse intuition. Sa nouvelle
théorie qui à la criminalité donne pour base l'épilepsie
dont la criminalité n'est qu'une forme, explique pourquoi les épileptiques s'associent. Le genre de dégénérescence qui les a frappés contient en effet la cause pre-

---

(1) G. Tarde, *La philosophie pénale,* première édition, page 239.

(2) « Entre les pensionnaires des maisons d'aliénés, écrit Lombroso, les
épileptiques sont les seuls qui, comme les criminels, aient une tendance
à se chercher et à s'associer. Ils conspirent non seulement avec les individus atteints de la même maladie, mais encore avec les fous moraux. »
(V. *Uomo delinquente,* vol. II, page 27.) — Dans la maison de santé de
Schonberg quatre fous conspirèrent pour s'évader et mirent le feu à cette
maison où ils recevaient l'hospitalité; trois d'entre eux étaient des fous
moraux, le quatrième était un épileptique. (V. *Allgem. Zeit. fur Psych.*,
année 1884.) — On lit dans l'*Archivio di psichiatria,* vol. VIII, fasc. I,
l'histoire d'un épileptique qui conspira avec deux autres épileptiques et
un fou moral de son département de Mombello pour y provoquer une
véritable révolte don on n'eut raison qu'avec l'aide de la force armée.

mière de toutes les formes de la criminalité, il est donc fort naturel qu'ils possèdent les tendances innées des criminels (1).

Ce n'est donc pas, à la vérité, une exception à la règle que les fous ne s'associent pas entre eux : l'exception, si nous voulons l'appeler ainsi, existe, mais elle est bien différente.

Elle consiste en ce phénomène du *délire à deux* que Legrand du Saulle, le premier de tous, je crois, a décrit. Etrange forme de folie, qui correspond dans ses causes

(1) Je reproduis ici l'expression graphique de la théorie de Lombroso :

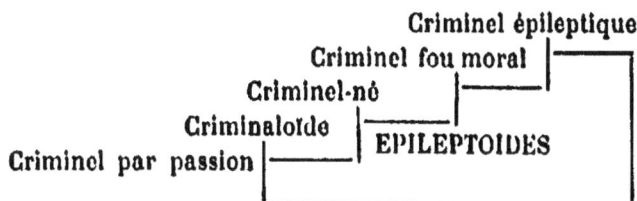

```
                              Criminel épileptique
                    Criminel fou moral    ┌──────┐
              Criminel-né             │────┘      │
         Criminaloïde          │──────┐           │
    Criminel par passion │─────┘  EPILEPTOIDES    │
                         └────────────────────────┘
```

Ce qui me surprend dans ce dessin, c'est la distinction entre criminel-né et criminel-fou moral, qui, de l'aveu de Lombroso lui-même, sont identiques.

Quant à la *nature de la criminalité*, et aux nombreuses, trop nombreuses même, explications que l'on a voulu en donner, je déclare (puisque l'occasion s'en présente), que j'accepte sans restrictions l'explication donnée par Henri Ferri qui définit la criminalité comme « une forme vraiment spécifique d'anomalie biologique qui se distingue de tout autre forme d'anomalie, de pathologie ou de dégénérescence et qui détermine justement le crime concret, lorsqu'elle se trouve dans un milieu physique et moral donné, offrant à la disposition individuelle les circonstances et les moyens propres à l'action. Ainsi, non pour donner une explication sur l'essence ou la nature de la criminalité, mais uniquement parce qu'il faut donner un nom à sa pensée, je crois que l'idée plus précise et plus positive, au point de vue biologique, est encore celle d'une « névrose criminelle » qui, d'elle-même, se distingue de toute autre forme pathologique, dégénérative ou autre. « (V. *Nuovi orizzonti*, troisième édit, au chapitre *Il tipo criminale e le natura della delinquenza*.)

et dans son développement au couple sain et au couple suicide dont nous avons parlé. Il s'agit de deux individus dont l'un est fou et l'autre est naturellement prédisposé à la folie; le premier d'ordinaire a un certain talent, le second est dépourvu d'intelligence et, uniquement par le contact qu'il a avec l'autre, recevant continuellement le contre-coup d'idées déréglées et confuses, il est entraîné à agir comme son compagnon et lentement se trouve atteint d'une forme identique de folie. Il s'établit alors entre ces deux malheureux un rapport de dépendance; l'un domine l'autre, qui n'est plus que son écho et qui fait ce qu'il fait, lui, le maître (1).

Nous sommes donc, ici aussi, en présence d'un *incube* et d'un *succube*, d'un homme qui en suggestionne un autre, précisément comme dans le couple d'amants.

On pourrait observer que dans le couple fou le rapport entre l'*incube* et le *succube* n'existe que dans la forme, car il ne vient pas à former une vraie société mais simplement une ressemblance. On pourrait dire de deux fous que l'un est l'image et la reproduction de l'autre, mais rien de plus, que cet accord intime, cette entente qui donne naissance à l'association, n'existe pas entre eux.

---

(1) Sur la *folie à deux*, voir un article du docteur Ball dans l'*Encéphale*, 1886; Lasègue et Falret : *De la folie à deux*, dans les *Annales méd. psych.*, 1877; Régis . *La folie à deux ou folie simultanée*, Paris, 1880; Venturi · *L'allucinazione a due e la pazzia a due*, dans le *Manicomio*, 1886, N. 1; Seppilli . *La pazzia indotta*, dans la *Rivista speriment. di freniatria*, 1890, fascicoli I-II, Tebaldi . *Ragione e pazzia*, Milano, 1881, et Manaceïno . *Le surmenage mental dans la civilisation moderne*, Paris, 1890, traduit du russe par E. Joubert

Mais cette objection est-elle exacte? Legrand du Saulle (1) et Dagron (2) ont rapporté des cas dans lesquels la folie à deux ne représente pas seulement la coexistence parallèle de deux délires semblables, mais constitue une véritable société ayant un but net et déterminé.

« Une jeune fille, qui avait le délire de persécution, accuse son père de l'avoir endormie un soir et d'avoir ensuite introduit dans sa chambre un homme (le sous-préfet de la ville) qui abusa d'elle. Après quelque temps sa sœur, frappée aussi par le délire, assure avoir subi le même sort, et lance à son père la même accusation outrageante. Les deux jeunes filles veulent se venger : elles décident d'attirer le sous-préfet dans une maison et de le tuer. Une d'elles lui écrit par ordre de l'autre : elles prennent des pistolets et le jour fixé vont au rendez-vous. Par bonheur, la victime désignée avait su éviter le danger (3). »

« Une dame croit que tout le monde la regarde et la suit lorsqu'elle sort de chez-soi : elle ne peut rencontrer personne sans voir en lui un ennemi : sa fille, qui l'accompagnait toujours et dans les premiers temps cherchait à la persuader qu'il n'y avait rien et que c'était un jeu de son imagination, vient d'être frappée par le même délire

---

(1) Ouvr. cit.

(2) Dagron, *Archives cliniques des maladies mentales et nerveuses*, 1861.

(3) Legrand du Saulle ; — Ouvr. cit.

de persécution. Ce délire croît à tel point que les deux
malheureuses veulent se suicider : elles préparent ensemble tout ce qui est nécessaire pour le dessein fatal : la
fille par ordre de la mère va acheter le charbon : elles
se retirent dans une chambre, ferment les portes et les
fenêtres et se jettent sur le lit en attendant la mort (1). »

Ces deux cas, — nous pourrions encore en citer
un grand nombre, — suffisent, ce me semble, à
prouver que dans le couple fou, comme dans le couple
sain et le couple suicide, le rapport qui existe entre les
deux individus n'est pas un rapport de simple ressemblance et purement extérieur, mais qu'il consiste en une
union sociale intime et effective.

Le phénomène de la suggestion de l'un à l'autre se
présente donc avec des caractères toujours les mêmes,
bien qu'à un degré différent d'intensité, dans les trois
formes sous lesquelles nous l'avons étudié. Dans le couple
sain comme dans le couple suicide et dans le couple fou,
nous avons toujours trouvé bien distincts les deux types de
l'*incube* et du *succube* et toujours analogues les relations
psychologiques du premier vers le second et *vice-versa*.

Il ne nous reste plus, pour démontrer l'universalité de
la forme à deux de la suggestion, qu'à voir si on la
retrouve aussi parmi les criminels.

C'est ce que nous ferons dans les chapitres suivants.

---

(1) Legrand du Saulle. — Ouvr. cit

CHAPITRE II

—

Le couple criminel

———

Nous avons jusqu'ici essayé d'analyser psychologiquement la *forme à deux* de la suggestion sans citer
aucun fait, ou très peu du moins, comme preuve des idées
que nous exposions. Et nous l'avons fait pour deux raisons
bien simples : d'abord, parce que les faits qui auraient confirmé nos observations, d'autres les avaient déjà recueillis, et on devait les connaître ; ensuite, parce que notre
sujet, comme nous l'avons déjà dit, n'est pas l'étude du
couple sain, du couple suicide ou du couple fou. Nous
nous en sommes occupé à la vérité, mais très brièvement
et à cause de leur analogie avec ce qui forme l'objet
principal, unique même, de notre travail : le couple
criminel.

Nous adopterons pour en parler une méthode inverse.

Nous exposerons avant tout les faits, en laissant pour la fin les observations et les réflexions qui pourront en dériver.

De nombreux auteurs ont parlé de l'influence démoralisatrice qu'un criminel peut avoir sur un autre criminel, mais ils en ont parlé incidemment; personne n'a jugé bon d'en faire l'objet d'une étude spéciale (1). Le sujet est donc nouveau et inexploré, et c'est bien seulement pour cela qu'il peut être intéressant d'y faire des recherches, d'autant plus que nous devons reconnaître que l'étude de la psychologie criminelle n'a pas fait dans ces derniers temps les grands progrès auxquels on pouvait s'attendre.

Nous en sommes à peu près restés aux grandes lignes tracées de main de maître par Henri Ferri dans sa classification des criminels (2). Les cinq catégories qu'il propose

---

(1) Seulement Aubry, dans son ouvrage déjà cité *La contagion du meurtre*, a touché (page 135) une forme de *crime à deux* : l'avortement, commis par la femme enceinte et par une sage-femme ou un docteur, et il soutient que dans ce cas la femme est presque toujours suggestionnée par son complice. Je n'ai dans aucun autre auteur trouvé la moindre allusion à l'existence du couple criminel. — J'écrivais ces lignes dans la première édition italienne de mon ouvrage, publiée en juillet 1892. Dans le numéro du 27 octobre 1892 du *Journal d'hygiène* paraissait un article très court du D' Moreau, de Tours, qui parlait, en se basant sur Lasègue, Falret et Chpollanski, de l'existence du *crime à deux*, comme d'une forme parallèle à celles de la *folie à deux* et du *suicide à deux*.

(2) Je parle spécialement pour l'Italie, et je n'avancerais certainement pas cette opinion décourageante si Henri Ferri eut publié au moins le premier volume de son *Omicidio*, qui est une étude psychologique complète, entière du délinquant homicide. En France la psychologie criminelle compte de nombreux et de précieux volumes, et, étrange phénomène, l'homme délinquant y est étudié surtout par ceux qui sont étran-

représentent les divisions fondamentales que l'on peut faire dans le monde criminel, mais il existe une grande diversité même entre les criminels que l'on doit faire rentrer dans une seule de ces catégories. « J'essaye de faire rentrer nos forçats dans différentes catégories, écrivait Dostoïewski, est-ce possible ? La réalité est si infiniment diverse qu'elle échappe aux déductions les plus ingénieuses de la pensée abstraite : elle ne souffre pas des classifications nettes et précises (1) ».

Or c'est justement l'étude patiente. minutieuse, précise de cette réalité *infiniment diverse* qu'il faut entreprendre, non pour en déduire des classifications nettes et précises qui seraient inexactes comme toutes les affirmations absolues, mais simplement pour nous rendre compte de l'étrange psychologie des criminels, d'une façon un peu moins vague et indéterminée que ne l'est

gers aux sciences pénales et par les adversaires de l'école positiviste, c'est-à-dire par ceux qui, croyant au libre arbitre, ne devraient pas croire à l'existence du type anthropologique du criminel. Du reste, puisque les Français sont analytiques par nature, comme les Italiens sont synthétiques, il est juste de trouver parmi ces derniers des penseurs comme Lombroso, qui lancent continuellement avec une prodigalité de grand seigneur, des idées nouvelles qu'ils n'approfondissent pas toujours par un examen minutieux des faits, tandis qu'il y a en France des écrivains qui recueillent ces idées pour les soutenir ou les combattre par une série d'observations expérimentales. M. Tarde lui-même, qui est le plus féroce, et, nous devons le reconnaître, le plus fin de nos critiques, n'a pu s'empêcher de définir Lombroso un *agitateur d'idées*, définition qu'il donnait peut être avec une pointe d'ironie, mais qui est, selon moi, le plus grand éloge que l'on puisse faire d'un homme.

(1) T. Dostoïewski · *Souvenirs de la maison des morts.* — Paris, 1re éd. pag. 303

celle de définir un délinquant comme délinquant fou, d'instinct, d'habitude, d'occasion, par passion.

J'espère que cet ouvrage servira, pour une petite part du moins, à toucher ce but.

Les faits que nous avons recueillis pour prouver l'existence du couple criminel, sont fort nombreux. Ils diffèrent entre eux sous certains rapports : quant au genre du crime, quant aux personnes qui le commettent, quant aux motifs et quant aux moyens d'exécution.

Il est donc nécessaire de les partager en plusieurs groupes et de les étudier chacun à son tour. Peut-être pourrons-nous les réunir dans la suite en une seule synthèse.

Le premier groupe que nous comptons analyser est celui que forment une femme et son amant pour tuer le mari ou le rival.

Dans ces meurtres, c'est — comme on peut aisément le comprendre, — la suggestion d'amour qui joue le plus grand rôle. Et si nous commençons par ceux-ci, c'est parce que de cette façon le passage de l'étude du couple sain et du couple suicide à l'étude du couple criminel apparaît plus aisé et plus évident.

Nous avons vu dans le chapitre précédent comment l'un des amants peut entraîner l'autre au suicide, nous verrons ici comment il peut le pousser au crime.

I. — LES AMANTS ASSASSINS

1° La femme Aveline, âgée de 35 ans, mariée à un homme plus âgé qu'elle, s'était éprise de Garnier, un beau soldat de 24 ans et, ne se contentant pas de l'adultère dont le mari n'avait pas l'ombre d'un soupçon, jalouse de son jeune amant, elle voulait être sûre d'avoir Garnier à elle toute seule et pour toujours. Son rêve était de l'épouser lorsqu'elle serait veuve. Veuve ! Cette idée ne la quitta plus. Elle en parla d'abord timidement à son amant, sans oser lui exposer clairement son projet ; puis peu à peu l'audace grandit, la détermination s'affirma, un jour le parti fut pris : Aveline était un obstacle, Aveline disparaîtrait.

Garnier, dominé par cette femme ardente et voluptueuse qui l'avait séduit, mais timide et apeuré par la pensée du crime, ne s'associa que faiblement à ce sinistre projet. Tout en lui promettant son concours, il essayait de gagner du temps. Quand elle lui disait : « Tue-le, tue-le tout de suite », il lui répondait : « A quoi bon ? Je suis encore soldat jusqu'à l'hiver de 1884, attendons un peu... je ne pourrais t'épouser maintenant » (1).

_____

(1) A noter la résistance passive, mais continue, que Garnier opposait à la suggestion de sa maîtresse.

Et il finit par obtenir qu'on n'assassinât le malheureux Aveline qu'au mois de janvier 1885.

Mais la femme etait pressée. « Je n'aurai pas le courage, lui écrivait-elle, d'attendre jusqu'à l'année prochaine. J'ai hâte d'être toute à toi. Avançons l'époque, je t'en supplie ! »

Garnier pourtant résistait encore (1); c'est alors qu'elle résolut d'essayer seule de commettre le crime. Son mari était chasseur, elle remplirait ses cartouches de dynamite; au premier coup, il sautait. Si cette tentative ne réussissait pas, elle empoisonnait son mari et, si le poison trompait son attente, Garnier le tuait.

Pendant les mois de juillet et d'août, la femme Aveline demanda à Garnier de la dynamite, mais il lui répondit toujours qu'il ne pouvait pas en trouver : peut-être ne voulut-il pas (2).

« C'est mardi l'anniversaire du premier mois de notre amour; je t'envoie une fleur en souvenir; je ferai tout ce qui dépendra de moi pour être à toi seul. Oh ! que je voudrais donc être libre! C'est donc bien difficile d'avoir l'*affaire?* ».

L'*affaire*, c'était la dynamite. Lasse de ces refus continuels, la femme Aveline se rabattit sur l'empoisonnement. Le soir même où elle avait mis une petite dose de poison dans la soupe de son mari, elle écrivait à Garnier :

(1-2) Voir la note de la page precedente.

« Je commence à attaquer l'ennemi, mais j'ignore si j'arriverai à une victoire. Tu auras une lettre pour te dire si j'ai réussi. Si j'ai échoué, tu sauras *ce que cela veut dire* ».

La femme Aveline échoua et Garnier comprit *ce que cela voulait dire*. C'était à lui à entrer en scène.

Armé d'un fusil, il se laisse conduire par sa maîtresse au bon endroit, sur le chemin qu'Aveline devait prendre pour rentrer chez lui. C'est là qu'il l'attend pour le frapper; il le voit venir, le reconnaît, le vise, mais au moment fatal, le courage lui manque, il laisse retomber son arme, et il prend la fuite (1).

Quelques jours après, sa maîtresse le retrouve, l'entraîne encore au crime, en le grisant d'une nuit d'amour, et, cette fois enfin, il cède.

Un soir, près de la maison d'Aveline, une détonation se fait entendre; le fermier se précipite au dehors et il trouve à quelques pas Aveline raide mort, baigné dans son sang.

Garnier fit spontanément des aveux complets, en montrant un sincère repentir. Il voulut se suicider en prison (2), en s'ouvrant les veines avec des ciseaux; mais le bruit du sang coulant goutte à goutte réveilla un autre détenu. On le sauva.

---

(1) Il s'agit proprement ici de la répugnance physique qu'éprouve l'organisme à commettre un crime.

(2) Le suicide en ce cas est une nouvelle preuve de repentir sincère, c'est pour ainsi dire, le châtiment dont le coupable éprouve le besoin de se frapper.

Physiquement, il « est une sorte de jeune taureau à
l'encolure énorme, l'œil stupide et hébété ». Moralement,
c'est un faible, « sa maîtresse, une femme résolue et énergique qui à l'audience répondit avec un rare sang-froid, a
fait de lui tout ce qu'elle voulait ».

Le lecteur aura remarqué que la femme Aveline et
Garnier correspondent parfaitement aux deux types de
l'*incube* et du *succube* : elle, c'est une criminelle-née,
lui, un suggestionnable. Le crime, voulu par la femme,
est matériellement commis par Garnier, ce qui confirme
l'observation faite plus haut, à propos du double suicide,
sur la division des fonctions dans le couple suicide et dans
le couple criminel (1).

(1) J'ai dit que la femme Aveline était une criminelle-née Elle écrivait à
Garnier des lettres érotiques, prodiguant les expressions les plus obscènes,
entrant dans des détails cyniques qui prouvent les exigences insatiables
de son tempérament. Elle écrivait un jour à Garnier . « Il (le mari) était
malade hier · je pensais que Dieu commençait son œuvre ».
Et un autre jour : « Je suis allée cette semaine à Notre-Dame des Vic-
toires, et j'ai fait brûler un cierge pour la réalisation de nos projets ».
L'obscénité unie au sentiment religieux, Dieu invoqué comme complice
d'un méfait ! Pompilia Zambeccari, elle aussi : « aveva fatto voto di portare
un calice d'oro alla Madonna di Loreto se le veniva fatto di avvelenare il
marito ». Voir Toselli · *Racconti estratti dall' Archivio bolognese*, Bologne, 1868, II, 181, cité par Ferri · *Il sentimento religioso negli omicidi*). Et
j'ai dans ma brochure *Un paese di delequenti nati*, cité le cas analogue
d'une femme qui avait fait un vœu pour arriver à commettre un crime.
Chez la femme Aveline, outre le sentiment religieux, se trouvent des
idées poétiques, sentimentales qui semblent n'être le propre que des âmes
nobles et belles : « Je suis jalouse de la nature qui a l'air de nous faire
enrager tant elle est belle. Ne trouves tu pas, mon chéri, que ce beau temps
est fait pour les amoureux et qu'il parle d'amour ? » Et ailleurs : « Que je
voudrais être au bout de l'entreprise (l'assassinat du mari) qui nous fera
libres et heureux ! il faut que j'y arrive, le paradis est au bout. Au détour
du chemin il y a des roses... » (V. A. Bataille · *Causes criminelles et mondaines de 1881*, page 314 et suiv.).

2° Dans le fait suivant, plus atroce encore que le précédent les rôles sont invertis; c'est l'amant, cette fois, qui pousse sa maîtresse à faire disparaître une rivale. L'amour est mêlé à de bas motifs et les moyens d'exécution du crime sont d'une étrange férocité. Sougaret, un assassin du petit village d'Ascain (Basses-Pyrénées) avait fait une terrible révélation à sa maîtresse, Marie Noblia; il avait tué un nommé Jolimon, son ennemi mortel. Les autorités ayant trouvé le cadavre de ce dernier avaient cru à un suicide et Sougaret n'avait même pas été soupçonné. Quelque temps après Sougaret, fatigué de Marie la chassa et remplaça la jeune fille par une parente qu'il avait, Françoise Elissalde. Marie en fut très irritée, et elle commença à menacer son ancien amant de parler s'il ne la reprenait pas chez lui et n'abandonnait pas sa rivale.

Sougaret avait eu la faible᷄ᷓ faire aussi à sa seconde concubine l'aveu de son crime (1); il craignait donc en la chassant de se voir accusé par elle. C'est alors qu'il conçut le monstrueux projet de garder l'une des deux femmes et d'empêcher l'autre de parler, c'est-à-dire de la tuer! Ce fut Françoise qu'il sacrifia. Mais voulant s'assurer

(1) Cette imprévoyance est fréquente chez les meurtriers, elle forme même une de leurs notes caractéristiques (Ferri, · L'omicidio 1ʳᵉ partie). Gamahut, en fuyant de Paris après son crime, dit à un ouvrier qu'il avait rencontré « On cherche à Paris l'assassin de Madame Ballerich : eh bien, c'est moi! » Prado, dans la nuit pendant laquelle il tua Marie Aguettant, rentra chez sa maîtresse Eugénie Forestier, et comme celle-ci lui faisait remarquer une égratignure qu'il avait à la main droite; « ce n'est rien, dit-il, j'ai égorgé une femme tout à l'heure »

cette fois le silence de Marie, il voulut l'associer à ce nouveau crime. Pendant une semaine il surexcita la jalousie de cette fille basque, énergique et passionnée, et il la mit au défi de se venger elle-même de celle qui l'avait supplantée. Quand il eut fait vibrer dans son âme tous les ressentiments, toutes les jalousies, toutes les haines, il lui acheta une corde, il lui apprit à faire le nœud coulant et il lui dit : « Nous verrons si tu as du cœur ; tu peux étrangler Françoise demain : viens chez moi, je t'ouvrirai la porte! » Marie résista pendant un mois à la suggestion, mais Sougaret revenait à la charge, en lui disant qu'elle n'avait pas de courage, qu'elle ne l'aimait plus puisqu'elle ne voulait pas faire ce qu'il fallait pour pouvoir reprendre la vie d'autrefois.

Enfin Marie céda et elle se rendit chez Sougaret. Françoise était debout, le dos tourné : sa rivale bondit sur elle et, avant qu'elle eût eu le temps de faire un mouvement, lui passa le nœud coulant autour du cou, puis elle tira la corde avec force.....

Le crime consommé, Sougaret, en indiquant le corps de la victime : « Nous irons l'enterrer cette nuit, dit-il, en attendant, nous allons la coucher quelque part ici. Allons, prends les pieds! » Marie voulut obéir. Elle ne put. Un tremblement nerveux s'était emparé d'elle ; une sorte d'angoisse la serrait à la gorge. A la vue de ce corps inerte, l'horreur de son crime lui apparut soudain, et comme si une force invincible l'y avait poussée elle se laissa tomber à genoux près du cadavre (1). Quand elle se releva, elle était à moitié folle : elle s'enfuit à travers les rues du village, poussant des cris sauvages, et à peine arrêtée elle avoua tout (2).

3° Le procès Fenayrou, célèbre désormais dans les annales criminelles de la France contemporaine, nous donne un troisième exemple d'assassinat commis par un homme et par une femme, dont l'un subit la suggestion de l'autre (3). Seulement ici ce n'est pas le mari qui est la victime, c'est l'amant. Nous avons vu dans Garnier et Marie Noblia deux êtres dépourvus d'un sens moral

(1) Cette réaction après le crime est quelque chose de plus qu'un simple remords, car elle n'est pas seulement morale, elle est aussi physique : elle représente, pour ainsi dire, le repentir posthume, et prouve que le crime répugnait naturellement à celui qui l'a commis par suggestion. Il en est de même dans la suggestion hypnotique : l'hypnotisé après avoir commis un crime imaginaire présente un phénomène identique. Voir Gilles de la Tourette : *L'hypnotisme et les états analogues*, Paris 1887; Pitres : *Les suggestions hypnotiques*. Bordeaux 1884.

(2) Voir pour les détails Bataille, ouvr. cité 1881 à page 312 et suiv.

(3) Nous ne reproduisons pas ici les détails de cette affaire, dont Zola semble avoir pris le premier chapitre de la *Bête humaine*, parce qu'ils sont connus de tous. Nous nous contenterons de rapporter un détail qui montre clairement la perversité innée et l'insensibilité de Fenayrou. Le jour du crime il se rendit à la gare Saint-Lazare avec sa femme et son frère Lucien. Gabrielle devait y attendre Aubert et prendre avec lui le train de 8 heures 30 pour Chatou. Marin et Lucien partirent une heure avant, par le train de 7 heures 25. Mais Marin voulut prendre les billets pour tout le monde, il prit trois billets d'aller et retour (pour lui, sa femme et son frère) et en remit un à Gabrielle, en y ajoutant un autre billet d'*aller* seulement pour Aubert. En effet le malheureux ne devait pas revenir.

C'est à dessein que nous n'avons pas insisté sur le troisième complice, Lucien Fenayrou, car il ne prit pas une part matérielle au crime. il n'aida qu'à transporter le cadavre et à le jeter dans le fleuve C'est un personnage secondaire et insignifiant que Marin Fenayrou emmena avec lui par surcroît de précautions

Fenayrou

Gabrielle Fenayrou

prononcé, qui après un temps plus ou moins long, ont cédé aux vives pressions d'un mauvais génie qui leur faisait entrevoir une vie d'amour, calme et heureuse, ou bien leur mettait dans le cœur le démon de la jalousie.

Chez Gabrielle Fenayrou le sens moral manque totalement ou à peu près; elle cède à son mari par un obscur mélange de sentiments : on y trouve un peu de terreur, un peu de remords, un peu de mysticisme et surtout une haine profonde contre l'amant qui l'a abandonnée, une haine qui au fond n'était que la transformation de son ancien amour.

« . . . . Elle avait ce sentimentalisme vague des natures sans énergie, qui voudraient s'épancher et qui n'osent, qui voudraient dire non, et qui ne trouvent d'autre force que celle des larmes... ».

Un témoin dont, selon Bernheim, on a ri à l'audience parce qu'on ne l'a pas compris, a dit d'elle : « *C'était une pâte molle, elle allait au vice aussi bien qu'à la vertu.* » Ce qui, ajoute Bernheim, traduit en langage psychologique, signifie : elle était suggestionnable, et elle l'était d'autant plus que le sens moral ne contrebalançait pas cette suggestionnabilité excessive.

Mariée de force à Fenayrou, cet homme brutal et impérieux lui faisait vraiment peur. « Elle était sa chose, » au dire d'un témoin et par une étrange perversion psychologique, à laquelle contribuait en grande partie son mysticisme, elle en était arrivée à trouver plus impar-

donnable de tromper son mari que de tuer son amant.
Punir cette faute par ce crime lui paraissait même tout
naturel.

Dans sa conduite après le crime, Gabrielle ne laisse
paraître ni remords, ni repentir; sa froideur et sa sérénité
sont cyniques. Elle est donc, dira-t-on, une criminelle-
née, et la suggestion du mari n'était pas nécessa're pour
la décider à tuer son amant. C'est certainement une
criminelle-née parce qu'elle est depuis sa naissance une
aveugle morale, comme disait Brouardel, mais ce serait
une erreur, selon moi, que de soutenir que dans un autre
milieu, entourée d'autres personnes, avec d'autres idées
elle aurait quand même commis un crime. Sa perversité
est passive, latente, et peut rester telle sa vie durant si
les conditions sont favorables; mais elle peut, d'autre
part, se révéler si l'occasion se présente.

« L'homme privé de sens moral, écrit Despine, et dont
la perversité n'est pas active, peut même ne jamais
commettre d'actes criminels, si sa perversité n'est soumise
à aucune cause excitante de quelque importance, et cela
arrive incontestablement à un certain nombre de personnes
privée de ce sentiment supérieur » (1).

Gabrielle Fenayrou était une de ces personnes, elle
n'avait pas une répulsion organique au crime, mais elle
avait besoin de quelqu'un qui la poussât à le commettre.

(1) Despine . *Psychologie naturelle*. — Paris. F. Savy, 1868. volume II,
page 239.

Elle ressemblait à ces hystériques qui mises dans un couvent deviennent les plus ferventes entre les religieuses, et mises dans un lupanar deviennent les plus obscènes entre les prostituées (1). Ce sont des joncs qui plient sous le vent, leur esprit est une table rase, pour ainsi dire, où le milieu gravera tout ce qu'il voudra. Et c'est justement pour cela que de tels caractères sont éminemment dangereux, car ils deviennent la proie facile du premier coquin qui veut les faire servir à ses dessins. Gabrielle céda à Aubert, en devenant sa maîtresse, non pas par passion, mais par faiblesse innée, elle céda dans la suite à son mari pour la même raison (2).

(1) Laurent · *Les suggestions criminelles* dans les *trchtres* de Lyon, du 15 novembre 1890.

(2) Elle céda ensuite à Macé, chef de la sureté, en lui avouant minutieusement le crime, tandis qu'elle se rendait de Paris à Chatou en chemin de fer. Gabrielle Fenayrou ressemble beaucoup à Gabrielle Bompard, une autre *aveugle morale* « qui va au bien ou au mal selon son guide ». La Bompard, elle aussi, céda d'abord à Eyraud, en assassinant avec lui Gouffé puis à Garanger, son nouvel amant, en lui avouant le crime en partie, elle céda enfin au juge d'instruction en lui racontant complètement et exactement la façon dont le crime s'était commis. Voir sur le procès Gouffé l'expertise psychiatrique sur la Bompard de Brouardel, Motet et Ballet (dans les *Archives* de Lyon, 1891). Ces illustres maîtres, avec Charcot, nièrent que la Bompard eût pu être suggestionnée par Eyraud, mais ils parlaient de la suggestion hypnotique, et nous, nous parlons de la suggestion à l'état de veille, et de la forme la plus faible et la plus atténuée de cette suggestion Voir pour les détails de cette cause Bernheim, cité plus haut; Macé. *Mon Musée criminel*, Paris, Charpentier, 1890; Bérard des Glajeux, *Souvenirs d'un Président d'assises*, Paris, Plon. 1892, chap. V.; Bataille, ouvrage cité, 1882 et Bourget qui en parle dans la Méditation XIII de la *Physiologie de l'amour moderne*

Au moment où s'impriment ces pages, les journaux donnent sur ces deux femmes · Gabrielle Fenayrou et Gabrielle Bompard, les curieux renseignements suivants ·

Clermont, 10 avril 1893. — Tout le monde a encore présentes à la mémoire les circonstances dans lesquelles le malheureux Gouffé fut assassiné Gabrielle Bompard, la maîtresse d'Eyraud, la femme qui a attiré dans un guet-apens l'homme choisi pour victime, est actuellement on le sait, u

Gabrielle Bompard

**Elle représente vraiment, dans le terrible drame de
Chatou, la main qui agit, tandis que l'esprit commande.**

la prison de Clermont, où elle subit la peine de vingt ans de détention
prononcée contre elle par la Cour d'assises de la Seine.

Voici quelques renseignements intéressants sur l'héroïne du drame qui
s'est déroulé rue Tronson Ducoudray :

En arrivant à la prison de Clermont, Gabrielle Bompard avait cru
qu'elle bénéficierait des faveurs qui lui avaient été accordées au Dépôt de
la préfecture de police, où elle était restée un mois après sa condamnation.

Là-bas, toujours d'humeur gaie, elle avait été traitée par les religieuses
un peu en enfant gâtée. Elle lisait, cousait, brodait. Tous les journaux
ont, du reste, raconté l'histoire d'une certaine collerette confectionnée par
elle et achetée par un Anglais. Le personnel du Dépôt était plein d'égards
pour Gabrielle.

Ici, elle se trouva en face d'une règle inflexible, à laquelle elle dut se
soumettre, non sans peine.

Au début, elle montra une certaine mauvaise humeur, se déclara hos-
tile à tout travail. Et puis ne se trouvait-elle pas placée sous les ordres
d'une autre Gabrielle, la Fenayrou, celle qui avait participé à l'assassinat
d'Aubert, le pharmacien du boulevard Malesherbes ?

Gabrielle Fenayrou, petite bourgeoise ayant reçu un certaine instruction, avait en arrivant à Clermont, refusé de frayer avec ses co-détenues.

Conservant, sous les habits de la prisonnière des manières hautaines,
d'une conduite exemplaire, polie, mais réservée, elle n'avait pas tardé à
prendre sur ses compagnes un certain ascendant, et son influence avait
augmenté quand les religieuses chargées de la surveillance lui avaient
donné de l'autorité sur les autres prisonnières, en la nommant directrice
du second atelier. C'est dans ce second atelier que se trouvent les femmes
condamnées à de fortes peines; c'est là que fut placée Gabrielle Bompard.

Après avoir montré une certaine aversion pour la directrice, l'ancienne
maîtresse d'Eyraud a plié devant « la Fenayrou » qui, toujours hautaine,
affecte des sentiments exagérés de piété et que les autres détenues considèrent comme « une très sainte femme ».

Gabrielle Bompard a été gagnée par les mêmes sentiments et, si elle
n'est pas très laborieuse, elle fait preuve d'une grande dévotion.

Les surveillantes n'ont aucun reproche à lui adresser, aucune punition à
lui infliger.

Elle espère, par sa bonne conduite, obtenir une grande réduction de sa
peine et sortir bientôt de prison.

Son grand chagrin est de ne pouvoir correspondre avec quelqu'un du
dehors. Les règlements sont formels.

Les détenus n'ont l'autorisation d'écrire qu'à leurs parents directs. Or,
le père de Gabrielle Bompard est mort depuis l'issue du procès.

A qui pouvait elle adresser des lettres ? A son avocat ? La chose est impossible, à moins d'une affaire très urgente.

Gabrielle Bompard a dû se soumettre sur ce point également.

4° Le couple formé par Joséphine P... et son fermier Guillet, qui tuèrent le mari de Joséphine, ressemble psychologiquement sous certains aspects au couple Fenayrou. C'est par les paroles suivantes que Despine raconte l'origine et la cause de ce crime. « Joséphine, âgée de 17 ans, ayant perdu son père, est séduite par un homme plus âgé qu'elle, qui l'épouse dans la suite. Mais la vie, après le mariage, est malheureuse; le mari est coureur, la femme reste seule à la maison. La voilà donc, jeune comme elle l'est, déçue dans ses illusions et abandonnée, sans guide et sans appui, aux mauvais conseils de l'ennui, aux incitations d'une imagination romanesque et d'un tempéramment fantasque. Une fille vient à naître et le mari en répudie la paternité. Fatigués et dégoutés l'un de l'autre, les époux se séparent; la femme vit de son côté, se laissant peu à peu glisser sur la pente d'une vie facile et sans retenue morale. Le mari la force à vivre, elle qui était riche et que l'on citait pour son luxe et son élégance, d'une pension de trente francs par mois; c'était la misère, la faim. Ces tristes conditions expliquent en partie la vie désordonnée que Joséphine mena désormais.

Elle a pour amant son fermier, nommé Guillet, paysan cupide aux féroces instincts. Dominée par cet homme, elle avait fait en sa faveur un testament par lequel elle lui laissait la partie de sa fortune dont elle pouvait disposer : 50.000 francs environ. Guillet voulait au plus vite entrer en jouissance de cet argent, et il espérait épouser Joséphine à peine serait-elle veuve. L'idée d'un assassinat germa dans son esprit, et s'y fixa : il ne restait plus qu'à la faire accepter par sa maltresse. Grâce au pouvoir qu'il exerçait sur elle, à ses pressions perfides et continues, à l'abandon dans lequel elle se trouvait, il arriva à lui arracher la promesse de son concours. Et de compagnie ils établirent un plan pour attirer le mari chez eux et le tuer (1)..

Joséphine, à l'audience, avoua sa faute, pleine de repentir. « Dieu me pardonnera, dit-elle, j'ai été si malheureuse ! J'étais sans ressources, seule, sans pain ; si j'allais demander quelque chose à mes parents ils ne me donnaient rien ; et c'est alors que cet homme (indiquant Guillet) m'a perdue. L'origine de tous mes maux, la cause du crime, c'est lui : c'est toi qui es le vrai coupable, le monstre du crime ! »

Despine ajoute que Joséphine était sincère dans ses paroles; elle appartient à la catégorie des personnes de faible sens moral, leur honnêteté ou leur perversité dépendent du milieu où elles vivent; Guillet au contraire présentait le véritable type du criminel-né (2).

5° J'ai dit que le couple formé par Joséphine P... et par Guillet ressemblait au couple Fenayrou, et cette ressemblance, comme on le comprend aisément, est fondée sur

---

(1) Despine · *Psychologie naturelle*. II. page 220.

(2) Despine, ouvr. et page cit.

l'analogie des caractères de chacun des protagonistes,
(Gabrielle Fenayrou était toutefois de beaucoup plus per-
vertie que Joséphine P.) non pas certes sur l'assassinat
qu'ils commirⁱᵗ, car dans l'affaire Guillet c'est le mari
qui est la victime et non l'amant, et par conséquent ce
crime ressemblerait plutôt au crime commis par la
femme Aveline et par Garnier.

Nous verrons maintenant, dans le procès Quérangal,
une reproduction presque identique du procès Aveline,
non-seulement au point de vue de l'exécution matérielle
et des qualités de la victime, mais encore au point de vue
psychologique.

Les époux Simon habitaient le village de Saint-Hervé.
La femme, âgée à peu près de 35 ans, était une véritable
Messaline : ses amants ne se comptaient plus. Son mari
était un pauvre être malingre et souffreteux qu'elle haïssait et dont elle hâtait la mort non-seulement par ses
désirs mais encore en favorisant de toutes les façons son
ivrognerie excessive, en le forçant à boire soir et matin
une horrible drogue préparée par elle-même et qui se
composait de trois-six, de genièvre et de je ne sais quelles
autres liqueurs fortes et malsaines. De tous les amants de
la femme Simon il n'en est peut-être pas un auquel elle
n'ait demandé de l'aider à faire disparaître son mari. L'un
des témoins raconte qu'elle lui avait proposé cinq
francs (!) pour le tuer, lui promettant de l'épouser
ensuite. Il paraît que cette seconde promesse ne valait

pas plus cher que la première, car le témoin lui répondit
« Je ne veux pas de soupe réchauffée, moi ! ».

Aimé Quérangal, le dernier amant, reçut, comme tous
ses prédécesseurs, les propositions de la femme Simon,
mais malheureusement il ne refusa pas comme les autres.
Il était héréditairement prédispose au crime. Son grand-
père avait eu pour maîtresse la femme du bourreau de
Saint-Brieuc, sa mère, femme dissolue, avait été condamnée pour outrage public à la pudeur et pour plusieurs
vols commis avec la complicité de l'une de ses filles. Une
autre sœur d'Aimé Quérangal avait été prévenue d'avoir
tue son mari. Une famille de criminels, comme on voit,
ou, mieux encore de fous, comme à mon avis le prouvent
certaines particularités du procès. Aimé Quérangal,
quant à lui, s'était toujours montré honnête, mais faible.
Avec ces précédents, et en pensant qu'il avait vingt ans et
qu'il adorait une femme de trente-cinq, son premier amour
paraît-il, il est aisé de comprendre que la femme Simon put
arriver à faire de ce jeune homme l'instrument d'un crime
qu'elle méditait déjà depuis si longtemps et par tant de
moyens. Il est donc inutile d'en dire davantage. Nous
ajouterons seulement qu'il essaya de tuer une première
fois le malheureux Simon, mais sans résultat ; ce n'est
qu'à la seconde tentative, ayant sans doute acquis de
l'habileté et du courage, qu'il arriva à l'étrangler (1).

---

(1) Von Bataille ouvr. cite. 1882.

Veuve Gras

6° Dans le cas, désormais fameux, de la veuve Gras, nous trouvons aussi l'un des amants qui joue dans l'exécution d'un crime le rôle de simple instrument, et Raymond de Rickere (*La criminalité féminine*) le place fort justement parmi les crimes par procuration (1) Il s'agit aussi d'une femme qui ne frappe pas elle-même et ne s'expose pas directement, elle a peur de manquer son coup ou de se faire prendre. C'est un autre, un homme, qui frappe pour son compte à elle : il ne connaît même pas la victime désignée et il n'a aucun sujet de haine contre elle. Pour séduire cet homme et pour le résoudre à devenir un instrument docile, la femme met en jeu un art infini, elle a recours à toutes les ressources de sa vive imagination, et à tous les raffinements de la séduction la plus perfide.

Voici les faits, en quelques lignes.

La veuve Gras, dont le nom de bataille était la baronne de Bréville de Lacour, femme galante qui depuis longa passé la première jeunesse (2), voudrait epouser son dernier « amant de cœur », un ouvrier nommé Gaudry, mais sa situation personnelle ne lui permet pas ce luxe. Que fera-t-elle ? Elle forcera un jeune homme riche,

---

(1) Nous verrons plus loin, au chapitre suivant, un autre cas typique de *crime par procuration.*

(2) Elle aussi, comme la femme Aveline, unissait à la débauche les croyances religieuses, ce qui, du reste, est le propre d'un grand nombre de prostituées.

« Le prie-Dieu de la veuve Gras, raconte Joly, contenait des chapelets et des livres de cantiques, pêle mêle avec des livres graveleux et une provision de cantharide ». Voy. Le *Crime,* pag 271.

d'une santé chancelante, nommé de la Roche, à l'épouser ; par contrat toute la fortune lui restera et une fois le mariage consommé il lui sera facile d'achever de ruiner la santé de sa victime. Mais pour se faire épouser par ce jeune homme riche malgré la différence d'âge et de position, il faut le rendre suffisamment laid pour qu'il ait conscience qu'une autre femme ne voudra pas de lui. A cet effet, le vitriol est tout indiqué ; il lui faut aussi un complice pour l'exécution matérielle de son horrible dessein, ce sera l'ouvrier qu'elle veut épouser dans la suite..... « Mon petit homme, dit un jour la veuve Gras à Gaudry, il faut que je fasse une grosse fortune pour que nous puissions nous marier. Voici comment : je connais un imbécile de vingt-quatre ans qui est vicomte et qui s'appelle René de la Roche. Nous allons le défigurer. Quand il sera si laid que pas une femme ne voudra de lui, je me ferai épouser. Il est délicat et mourra vite. Alors... »

Flatté par l'amour que lui témoignait cette belle maîtresse, affolé par ces perspectives de mariage, Gaudry consentit.

Un soir, le vicomte de la Roche se rend chez la veuve Gras pour la conduire à un bal. Eugénie de Lacour le fait attendre au salon tandis qu'elle va s'habiller dans sa chambre à coucher. Dans un cabinet attenant à cette chambre se trouvait caché Gaudry : Eugénie de Lacour lui remit une fiole d'acide sulfurique.

Tout en s'habillant, elle allait alternativement de l'un à l'autre de ces deux hommes, prodiguant à l'un des paroles d'amour et donnant à l'autre des encouragements. A minuit, souriante, revêtue d'un domino rose, la chevelure ornée de fleurs, elle soulève la portière qui cachait le cabinet noir où se trouvait Gaudry, et lui lance un dernier regard impérieux, mais plein de promesses. Puis elle entre au salon et prend le bras de de la Roche.

.....Vers trois heures du matin, quand ils rentraient du bal, au moment où de la Roche, après avoir fait passer Mme Gras, s'engageait sous la porte cochère de la maison, il se sent lancer sur la figure un liquide qui lui brûle toute la peau.....

7° Mais le plus magnifique exemple du couple d'amants assassins, nous est donné par l'affaire de l'empoisonneuse de Aïn-Fezza, Mme Weiss (Jeanne Daniloff) qui, sous la suggestion de son amant, l'ingénieur Roques, essaya d'empoisonner son mari.

M. Tarde, avait bien parlé de cette cause célèbre (V. *Les affaires Weiss et Achet*, dans les *Archives d'Anthropologie criminelle* — article reproduit dans le volume *Etudes pénales et sociales*) mais il n'avait pas mis en lumière la part respective que chacun des deux coupables avait prise au crime.

La publication plus récente de quelques lettres échan-

Voir un cas analogue dans Raymond de Ryckere, broch. cit.

Mme Weiss

gées entre Jeanne Daniloff et Roques, et surtout de quelques pages autobiographiques écrites en prison par Mme Weiss nous font voir ce crime sous son véritable aspect, et méritent, selon nous, qu'on en parle longuement.

Jeanne Daniloff est, comme Gabrielle Fenayrou, une *dégénérée-latente*, un type que l'on pourrait définir comme une graine perverse à laquelle il ne manque qu'un terrain propice pour pousser. Apathique, insensible, fataliste, elle ne bouge, elle ne sent, elle n'agit que par des impulsions extérieures. Elle appartient à la catégorie de ceux auxquels Ball a donné le nom pittoresque d'*effacés*, elle ne devient un caractère volontaire que sous l'impulsion que lui donne une autre personne.

Cette personne fut l'ingénieur Roques.

Voilà comment le docteur Lacronique, dans son expertise définit Jeanne Daniloff :

Elle est une déséquilibrée : elle a le système nerveux très impressionnable et très excitable : elle peut être facilement mise en état d'hypnotisme, mais son état mental est intact, elle agit en toute connaissance. »

Nous n'avons pas de détails sur le caractère de l'ingénieur Roques, car il se tua le jour de son arrestation, mais d'après ce qu'écrit Mme Weiss il est évident qu'il fut l'instigateur du crime, car il ne peut y avoir ombre de doute sur la sincérité de cette malheureuse. Elle n'essaya jamais de se disculper, et elle se suicida le jour même de sa condamnation ne pouvant survivre à ses remords et à sa douleur.

« ..... J'ai obéi, écrivait-elle dans sa cellule, aux ordres que me donnait l'homme que j'ai aimé ; ces ordres impératifs sont encore réitérés dans les dernières lettres arrivées depuis mon arrestation. Pendant une année entière, j'ai lutté contre la force qui me maîtrisait. N'avais-je pas sous la main ce terrible cyanure ? Et qui saura le nombre de fois où, après avoir juré d'en finir, je reposais ce flacon saisi d'une main décidée à obéir ? J'avais beau me débattre, je ne m'appartenais plus. M. Roques avait fait naître en moi une femme que j'ignorais, une femme violemment passionnée, passivement soumise ; non seulement il a bouleversé mon existence, mais il a bouleversé aussi mon être intime tout entier. Et c'est bien son influence néfaste qui a brisé ma vie et qui m'a enlevée à tous ceux que j'aimais.

..... Que de fois n'ai-je pas voulu fuir ! mes lettres le prouvent ! mais il fallait quitter mes enfants, les perdre à tout jamais. Au moment de me séparer d'eux, je ne trouvais pas en moi la force de m'éloigner. C'était alors de la part de mon amant des doutes sur la réalité de mon affection pour lui. La jalousie le torturait et sans cesse il revenait à cette conviction que c'était mon mari que je ne pouvais me résoudre à quitter. M. Weiss disparu, mes enfants me seraient restés, et dans ce crime accompli de ma main mon amant voyait une preuve éclatante de mon attachement pour lui.

..... Que de fois Roques n'a-t-il pas voulu agir lui-

même ! Mais si je n'avais pas peur pour moi, j'avais peur
pour lui. Je ne voulais pas qu'il s'exposât, et mille fois
je préférais braver moi-même les dangers de l'action et
les conséquences du crime. Et puisqu'il *le fallait*, puisqu'une dernière fois mon maître me fixait un délai suprême : la fin d'octobre, je me décidai brusquement, je
fermai mon esprit et mon cœur, je bouchai mes yeux et
mes oreilles, et j'obéis. Mais quel réveil ! Oh ! si j'ai
essayé de me tuer, ce n'a pas été pour me soustraire à la
vindicte publique, mais bien pour finir cette vie qui aujourd'hui s'offre à mes yeux. Hélas ! la mort n'est point
venue ; mais pendant des semaines j'ai enduré des souffrances dont nul ne pourrait imaginer l'intensité ».

Dans sa dernière lettre a Mme Weiss Roques disait :
— « Cette lettre sera-t-elle la dernière que je t'écrirai en
Algérie ? Je le souhaite de toute mon âme. *Elle t'appor-
tera toujours le même ordre.* » — Et Mme Weiss répondait : — « Oh ! Félix, aime-moi, car l'atrocité de mon
œuvre se révèle à moi ; je veux fermer mon cœur, mon
esprit, mes yeux, je veux effacer le souvenir de ce qu'il a
fait pour moi car je t'adore ! Je sens un tel courant d'intimité absolue entre toi et moi, qu'il me semble que la
parole sera inutile entre nous ; les pensées de l'un seront
lues par l'autre comme dans un livre ouvert ; arrêter ce
courant, ce serait arrêter ma vie, et puis, même sans ce
besoin moral de toi, mon corps ne peut vivre sans ton
corps. *Je puis me prendre en horreur après, mais*

reculer m'est impossible. Console-moi, soutiens-moi, laisse-moi passer les crises inévitables de découragement, enlace-moi de ton joug, grise-moi de tes caresses, là est ta seule force... ».

Les commentaires sont superflus : la psychologie du crime se révèle d'elle-même dans ces fragments.

.·.

Nous avons jusqu'ici voulu décrire un peu minutieusement les couples d'amants assassins, car nous croyons nécessaire de mettre le mieux possible en lumière la psychologie de ces crimes, d'observer la diversité des caractères des deux individus associés, et de suivre la route plus ou moins lente de la suggestion criminelle.

Ayant ainsi donné au lecteur au moins quelques éléments à l'aide desquels il pourra compléter cette étude lui-même, nous nous contenterons d'énumérer en peu de mots les autres faits que nous avons recueillis.

8° Louise Fraikin, mariée à un certain Vanot, devient la maîtresse de Théodore Wehent, un grand et solide gars.

Vanot était gênant : les amants résolurent de le faire disparaître. Mais Wehent, qui devait être chargé de l'affaire, ne voulut pas frapper lui-même. Il s'adressèrent à

des individus sans scrupules, et leur offrirent de l'argent
pour faire le coup. Un soir, l'un d'eux, un houilleur
nommé Béniers, fut entraîné chez Vanot. Louise le reçut
et le conduisit dans la chambre de son mari, en lui
disant : Le voilà !

Beniers hésita. — Et pourquoi ne le feriez vous pas ?
lui dit-elle, vous auriez de suite quinze cents francs.

Beniers refusa alors catégoriquement et partit. Louise
Fraikin changea alors do système et tenta de se débarrasser de son mari par le poison. (C'est ainsi, si le lecteur
s'en souvient, qu'avait fait la femme Aveline, lorsque
Garnier lui refusa la première fois son concours). Mais
Vanot ne voulut pas toucher aux aliments qu'elle avait
préparés.

Louise et Wéhent trouvèrent enfin l'homme qu'il leur
fallait. Un houilleur, nommé Léonard Dewilde, accepta
de faire le coup. Trois fois il se rendit le soir à la maison
de Vanot. La première fois, Vanot ne dormait pas ; une
autre fois, les jappements d'un petit chien le firent reculer;
la troisième fois le cœur lui manqua.

Louise Fraikin restait seule à vouloir obstinément le
crime.

Dans la nuit du 27 au 28 mars 1878, Dewilde et
Wéhent arrivèrent chez Vanot dans la soirée. Louise les
attendait. Elle les fit se gorger de viande et de vin (comme
Villert faisait avec Lemaire, voyez plus haut) pour
leur donner du cœur. Puis, sans faire de bruit, ils mon-

tèrent jusqu'à la chambre où dormait Vanot. Louise portait la lampe. Dewilde hésita un moment. Louise lui dit alors avec mépris : — L'avoir si belle et ne pas savoir la faire, c'est une bêtise ! —Dewilde frappa (1).

9° A Groslay, près Montmorency, une femme, la X..., entretient des relations adultères avec B... Son mari lui fait des reproches qui provoquent en elle le désir de le tuer. Pendant qu'elle se couche aux côtés de son mari, B., se cache dans un cabinet contigu. A minuit il rejoint dans la chambre à coucher sa maîtresse qui veillait. B., passe une corde au cou du mari et la femme lui crie : *Tire donc, tu y es* (2).

10· La Ballanger, femme de mœurs faciles, fit comprendre à Mauclair, le seul qui lui fit la cour sans succès, qu'il fallait tuer son mari et qu'elle se donnerait *quand il aurait fait son ouvrage* (3).

11· Anna Beausoleil, deux mois après son mariage fait tuer son mari par un jeune [homme auquel elle promet de se donner comme prix du crime. Son mari, poitrinaire à la dernière extrémité, avait disposé de toute sa fortune en faveur de sa femme (4).

---

(1) Darras · *Causes célèbres de la Belgique* page 216, et Ryckere, cité plus haut

(2) Aubry . *De l'homicide commis par la femme*, dans les *Archives* de Lyon, n° 34. Année 1891.

(3) Cour d'assises de Tours, mars 1888 (V. Aubry, broch cit)

(4) Cour d'assises de la Dordogne, octobre 1888 (V. Aubry, broch cit)

12° En février 1889 paraissaient devant la Cour d'assises de Caen, Chevalier et la femme Martine, sa maîtresse, qui l'avait poussé à tuer son mari. La femme Martine était depuis longtemps séparée de son mari, qui avait même quitté le pays, si bien qu'elle dut le décrire à son amant qui ne le connaissait pas. Chevalier part, rencontre Martine, lui demande s'il est réellement le mari et, sur sa réponse affirmative, lui tire un coup de revolver (1).

13° La Cour d'assises du Puy condamnait, en mai 1890, Cédot, un jeune homme d'allures timides, à l'air peu intelligent, et la femme Queyran, le premier pour avoir tué le mari de la seconde, et celle-ci pour l'avoir poussé et décidé au meurtre (2).

14° La Cour d'assises de Caen condamnait, en avril 1888, un certain Corlet, entraîné par la femme Sorel, sa maîtresse, à tuer le mari de celle-ci (3).

15° Françoise Rodet était la maîtresse d'un certain Froment, homme violent et brutal, qui la força à se débarrasser de son mari. Après l'avoir fait souffrir moralement et matériellement à force d'humiliations de toute sorte, un jour la femme Rodet le tue, sous les vives pressions de Froment (4).

16° Jeanne Dubernet mit en jeu tant d'adresse et de

(1-2-3) V. Aubry, broch. cit.

(4) Despine : *Psych. natur.*, vol. II, page 350.

séductions que son amant, à peine âgé de vingt ans, incapable de résistance, se laissa entraîner à tuer son mari (1).

17° Une nommée L..., que son amant voulait forcer à
tuer son mari, accepta de lui un flacon d'acide sulfurique,
en promettant de le donner à boire à ce pauvre homme,
mais au moment de lui présenter le poison versé dans un
verre d'eau la force lui manqua ; elle laissa tomber le
verre et confessa tout (2).

Dans ce dernier cas, la suggestion criminelle est arrivée à pervertir une âme honnête jusqu'à lui faire tenter
un crime, mais elle n'a pas réussi à le lui faire commettre,
et elle a été vaincue au moment décisif par l'intime sens
moral de la femme, qui s'est révolté à l'exécution d'un
meurtre.

Quelle différence entre cette femme et Gabrielle Fenayrou, qui cède presque sans difficulté et qui n'a pas de
remords après le crime ! Quelle différence encore entre
cette femme et les autres suggestionnés qui, après une
résistance plus ou moins longue, cèdent à la volonté de
leur suggesteur !

Et pourtant, le phénomène de la suggestion est fondamentalement identique, à part le degré d'intensité, dans
tous les cas observés. Dans ces couples d'amants assassins
les protagonistes ressemblent toujours, respectivement, aux

(1) *Repertorio di cause celebri*, vol IV, page 231.

(2) Ferri, *Omicidio*, première partie.

deux types de l'*incube* et du *succube* que nous avons trouvés dans le couple sain, le couple suicide et le couple fou; l'un d'eux joue le rôle méphistophélique de tentateur, qui instruit dans le mal, qui pousse au crime; tandis que l'autre se laisse vaincre par son mauvais génie. Et le fil qui unit ces deux existences et fait de l'une l'esclave de l'autre, c'est un sentiment d'amour jamais pur, presque toujours coupable, et souvent monstrueux et honteux.

Nous pourrions peut-être dès à présent résumer les caractères psychologiques des exemples cités et en tirer les conséquences; mais nous devons encore examiner d'autres cas de couples criminels, et c'est seulement après cet examen qu'il sera bon d'en venir à une conclusion.

APPENDICE AU CHAPITRE II

Il est évident, et il serait presque inutile de le faire observer, que la suggestion criminelle d'un des deux amants sur l'autre, n'a pas seulement lieu dans les meurtres commis sur le mari ou sur un rival, c'est-à-dire dans les crimes dont la cause principale est la jalousie, la vengeance ou n'importe quel autre des sentiments qui dérivent de la passion amoureuse.

Bien souvent deux amants s'associent pour des motifs plus bas et plus anti-sociaux, par cupidité, par exemple. Nous n'avons pas parlé de ces crimes parce qu'ils n'entraient pas directement dans notre sujet. Nous voulons toutefois en parler très brièvement, en citant trois exemples, qui feront voir comment le couple criminel conserve encore dans ces cas spéciaux ses caractères psychologiques.

I. -- La fille Philomène Lavoitte poussa son amant du nom d'Albert à assassiner une vieille dame, leur voisine, pour la voler.

Albert exposa d'une façon saisissante, dans un mémoire, les raisonnements spécieux de sa maîtresse pour

calmer ses scrupules et l'exciter au crime. — « Elle
commença, dit-il, par énumérer l'or, les bijoux, les
valeurs qui sont entre les mains de la vieille femme qu'il
faut assassiner, et dont elle ne fait aucun usage ; je résis-
tais, mais le lendemain Philomène commença de nouveau
ses premiers essais, me remontrant qu'on tuait bien pendant la guerre, ce qui n'était pas un péché, donc qu'on ne
devait pas craindre de tuer cette vieille gueuse ; je lui
remontrais que cette bonne vieille ne nous avait fait aucun
mal et que j'ignorais pourquoi on la tuerait ; ce fut alors
qu'elle me reprocha ma faiblesse, me disant que si elle
était assez forte elle aurait vite fait cette abominable
action. Dieu nous pardonnera, ajouta-t-elle, il sait que
nous sommes pauvres. »

Albert résistait encore : elle lui donna de l'eau-de-vie.
Elle prit d'ailleurs toutes sorte de précautions, fit changer
d'habits à son amant comme elle en changea elle-même
après le meurtre. Par un trait bien féminin, pour dissiper la pâleur et la lividité de leurs visages, elle mit du
rouge sur la figure d'Albert et elle se farda à son tour.

Leur culpabilité, — tant cette femme avait bien com-
biné toutes choses — ne fut pas découverte par la police.
Il fallut que l'homme désespéré, vînt se dénoncer spontanément (1) ».

_____

(1) La confession spontanée est un symptôme de repentir. — V. Abbé
Moreau, *Souvenirs de la petite et de la grande Roquette*, vol. II, page 306,
et Raymond de Ryckere, *la Criminalité féminine* dans *la Belgique judiciaire*, 1892.

II. — La fille Ribos et Maffei, son amant, combinent
l'assassinat du caissier d'une banque, pour le voler.
Une première fois la femme, qui devait mettre le crime à
exécution, hésite et jette l'arme. Maffei l'excite, lui tend
un rasoir et alors la Ribos frappe au cou la victime.
Maffei achève le caissier moribond à coups de revolver (1).

III. — Louise Feucher, poussée par son cousin Benoît,
qui était aussi son amant, aide ce dernier à assassiner sa
tante, mais elle meurt peu après pleine de remords et en
proie à la plus profonde mélancolie (2).

---

(1) Assises de Trieste 1888. Cité par Aubry, *De l'Homicide commis par la femme*. — Lyon, Storck, 1891.

(2) *Repertorio di cause celebri*, vol. VI, page 950. — Cité par Ferri, *L'omicidio* 1ᵉ partie (sous presse) Un cas semblable est cité par Lacassagne *Du dépeçage criminel* (dans les *Archives de l'Anthr. crim.* 1888, p. 239).

CHAPITRE III

—

Le couple criminel *(suite)*

———

III. — Le couple infanticide

L'on peut dire que l'assassinat du mari ou du rival est le crime spécifique du couple d'amants. Le mari et le rival sont des intrus, et il est tout naturel (au point de vue des délinquants) que l'on veuille les faire disparaître.

Mais il y a un autre crime qui est une conséquence spontanée, sinon nécessaire, de l'amour coupable. J'entends parler de l'infanticide et de l'avortement (1).

Bien souvent c'est la preuve de la faute qu'il faut faire disparaître; l'enfant en venant au monde accuse sa mère, il faut le supprimer.

(1) Je réunis ici ces deux crimes parce que, semblables au point de vue juridique, ils sont presque identiques au point de vue social, c'est toujours un meurtre dont on change le nom selon l'âge de la victime. L'avortement, en effet, n'est qu'un infanticide prématuré.

Que faire alors ?

Dans les campagnes, où la moralité est plus grande
qu'ailleurs, les jeunes filles grosses cachent généralement
pendant neuf longs mois leur grossesse et c'est seulement lorsqu'elles accouchent, lorsqu'elles voient là, sous
leurs yeux, la preuve vivante de leur faute, qu'elles ont le
triste courage de tuer le nouveau-né, dans un élan de
légitime défense (1) qui arrive à étouffer la voix de la
nature.

A la ville, où l'immoralité est plus répandue et où
l'égoïsme civil a su appeler à son aide mille moyens de
prévoyance et de prévention, on n'attend pas l'accouchement pour se défaire de l'enfant. Il est bien plus commode,
plus facile et moins dangereux d'éteindre dans son germe
un espoir de vie; on le sait bien, et aussi n'attend-on pas
que cette vie soit formée pour l'étouffer (2), et on substi-

---

(1) J'entends parler, bien entendu, de la légitime défense de l'honneur.
La société, dans un dilemme brutal, demande à la fille mère ou son
déshonneur ou le sacrifice de la vie de son enfant. Ce sera donc pour sauver son honneur qu'elle commettra un infanticide. Voir un de mes
mémoires sur l'*Infanticidio* dans l'*Archivio giuridico*, vol. XLII, Bologna, 1889.

(2) Lambert, Guerry et d'autres encore prouvent que l'infanticide est
plus fréquent dans les campagnes que dans les villes : voir Carrara ; *Programma*, P S., § 1213, note. Socquet, dans un récent mémoire statistique
sur la criminalité française, en prenant deux quinquenniums qui se rap-
prochaient de la moyenne, trouvait pour l'infanticide, sur un million
d'habitants de chaque catégorie :

	Années 1851-55	1875-80
Accusés de la campagne.................	32	35
Accusés de la ville.....................	21	22

Voir à ce sujet Balestrini : *Aborto, infanticidio ed esposizione d'infante,*

tue à l'infanticide qui révèle des mœurs rudes et simples,
l'avortement que le Code présente comme moins grave,
mais qui moralement est peut-être plus antipathique, car
il peut cacher, ce qui arrive souvent du reste, sous le vernis
d'une cruauté moindre une perversité plus raffinée.

Je comprends et trouve excusable la mère qui, après
avoir résisté à toutes les angoisses physiques et morales d'une grossesse coupable, tue son enfant lorsqu'il
vient à naître, en le sacrifiant ainsi à son honneur. Mais
je comprends difficilement la mère qui, à peine sent-elle
frémir en elle le fruit de ses amours, se décide à s'en
débarrasser, et je ne lui trouve pas d'excuse. Elle n'a pas
encore souffert, ou peu en tout cas, elle peut espérer que
son fils ne vienne pas au monde vivant ; et la voilà qui
tout de suite franchement, posément, le condamne à mort.

Les lois pourront dire qu'elle ne tue qu'un fœtus et non
un être humain, et trouver dans cette différence biologique
un motif pour adoucir la peine : le sentiment, selon moi,
n'arrive pas à de si subtiles distinctions ou, pour mieux
dire, il y arrive, mais pour des motifs contraires.

Tout ceci, bien entendu, au point de vue moral, car, à
mon avis, l'avortement au point de vue juridique, et

Torino, Bocca, 1888. La statistique italienne de 1885 à 1888 donne un
résultat identique.

Années	Accusés de la campagne	Accusés de la ville
1885	31	17
1886	40	19
1887	32	18
1888	37	20

lorsqu'il a pour objet de sauver l'honneur, ne doit pas
être puni pour des raisons exposées ailleurs (1) et
qu'il serait oisif de rapporter ici (2). Nous observons
uniquement à ce sujet que, comme à l'infanticide est venu
se substituer l'avortement (crime qui révèle une prévoyance plus grande et qui, selon les Codes actuels, est
moins grave), de même à l'avortement vient maintenant à
se substituer peu à peu le système malthusien dans ses
variations infinies, système qui n'est certes un crime pour
personne et qui, pour ainsi dire, représente le comble de
la prévoyance. Tuer l'enfant nouveau-né, — le tuer
avant sa naissance, — empêcher sa naissance, — telles
sont les phases de l'évolution suivie par le crime d'infanticide, et qu'il suivra, à mon avis, de plus en plus à
l'avenir.

Mais, tandis que l'infanticide est dans le plus grand
nombre de cas, l'œuvre exclusive de la mère et que c'est

---

(1) Voir mon mémoire déjà cité sur l'*Infanticidio* et le magnifique
ouvrage de Balestrini.

(2) Quelques critiques (la *Rivista penale* de septembre 1892, et M. G. Fla-
mingo dans l'*Antologia giuridica* de nov.-déc. 1892) ont cru voir une
contradiction dans cette idée également exposée par moi dans l'édition
italienne de ce travail. « Vous affirmez, disent-ils, que l'avortement n'est
pas punissable, et vous en faites en même temps un crime plus grave et
plus antipathique que l'infanticide qui, selon vous, mérite une peine, toute
légère qu'elle soit ! » La contradiction est dans la forme et non pas dans le
fond. N'existe-t-il pas des actions blâmables au dernier point qu'aucune
punition ne peut atteindre et qui sont pourtant plus méprisables que certains crimes gravement punis? Un mari, par exemple, qui vole les lettres
de l'amant de sa femme pour les vendre à cette dernière qui se trouve
être riche, n'est il pas un type dégoûtant et bien plus digne de mépris
qu'un petit voleur d'accident? Et qui pourtant oserait proposer une peine
pour le premier, ou affirmer que le second ne doit pas être puni?

par conséquent à elle seule qu'il peut être attribué, l'avortement, au contraire, est un crime souvent commis par la mère et par d'autres personnes.

La femme arrive rarement à vouloir et à accomplir un avortement sans l'aide de complices. Elle en a peut-être l'idée, une idée vague qui se présente à son esprit comme la seule chance de salut, mais qu'elle repousse tout d'abord parce qu'elle sent, parce qu'elle sait que c'est là une idée coupable. Mais avec temps, l'idée revient avec l'insistance d'une auto-suggestion : c'est alors que dans l'âme de la femme grosse se produit un de ces phénomènes que l'on pourrait appeler des compromis avec la conscience : elle se décide à se rendre chez un médecin ou une sage-femme pour les consulter simplement sur sa grossesse, mais avec le secret désir de se voir aussi délivrée de sa maternité. Elle n'arrive même pas à se confesser à elle-même franchement son second but qui est encore indécis en elle ; si quelqu'un même l'en accusait, elle repousserait l'accusation, pleine d'indignation et, du reste, de sincérité.

L'idée d'un crime traverse parfois les plus honnêtes consciences (1), mais elle disparaît immédiatement si nul

(1) L'idée rapide d'une action malhonnête ou criminelle, dit Ferri dans sa *Sociologie criminelle*, peut, dans certaines occasions tentantes, se présenter à l'esprit du plus droit et plus honnête des hommes » Et Lombroso pour en donner un exemple rappelle le cas de l'aliéniste Morel qui, d'après son propre récit, en passant un jour sur un pont de Paris et voyant un ouvrier qui regardait couler le fleuve, se sentit l'esprit traversé par l'éclair d'une idée de meurtre et se mit à fuir pour ne pas céder à la tentation de le jeter à l'eau. C'est aussi ici que se place le cas bien connu de la nourrice de Humboldt qui, à la vue et au toucher des chairs roses du nouveau né,

intérêt personnel ne l'y retient : elle peut s'y arrêter, si cet intérêt existe ou si quelqu'un arrive habilement à le faire naître.

La sage-femme ou le docteur à qui la femme s'est confiée, se rendent compte de l'état physiologique de cette malheureuse, mais la parole avortement n'est pas prononcée. Ils feignent même parfois de mettre en doute sa grossesse, et conseillent à la patiente de prendre un médicament qui, à les entendre, servira à faire revenir régulièrement les règles... Un mois après, la cure intérieure n'a pas réussi et la femme, qui désormais ne se cache plus à elle-même ce qu'elle veut, croit trouver une excuse dans l'idée que toute la responsabilité de ce qu'elle a fait retombe sur la sage-femme ou sur le docteur; la première visite rend la seconde plus aisée et par cela seul qu'elle a pris, inconsciemment ou non, une substance abortive, elle en arrivera facilement désormais à laisser employer un moyen plus direct et plus sûr.

« Ne voit-on pas là —dit fort justement Aubry — une femme hésitante, conservant encore quelques sentiments d'honnêteté, qui se laisse convaincre et dominer par une matrone, experte dans l'art des avortements, qui sait par

---

était tentée de le tuer et courait le remettre entre d'autres mains pour éviter un malheur. Voir *I Criminaloidi* dans l'*Arch. di psich.*, X, p. 121. Il faut aussi ajouter avec Ferri que lorsque la constitution psychique d'un individu donne prise à cette idée, cela signifie qu'il n'est pas solidement honnête car, dit Victor Hugo . « L'hésitation devant le devoir, c'est la défaite ».

une politique habile et toute féminine dissiper les derniers scrupules de sa cliente et en faire une criminelle ? » (1)

Voici donc le premier couple infanticide (2) : — une femme enceinte et un docteur peu scrupuleux, ou l'une de ces matrones qui de leur honteux métier font une lucrative profession (3).

Et si l'avortement, comme l'adultère, ne restait le plus souvent impuni et s'il arrivait moins difficilement à la connaissance de la justice, je crois qu'il serait facile de prouver qu'il est, dans un grand nombre de cas, commis de la façon que j'ai indiquée (4).

(1) Aubry . *La contagion du meurtre*, page 136. Cette forme de couple criminel, comme je l'ai dit plus haut, est la seule qui ait été jusqu'ici étudiée par les écrivains Voilà pourquoi je n'en parle que brièvement. Voir également Bérard des Glajeux : *Les passions criminelles, leurs causes et leurs remèdes*, Paris, Plon, 1893. — Il y a eu en décembre 1892, à la Cour d'assises de Turin, un procès pour avortement contre une fille mère et une sage-femme, c'est cette dernière qui avait été l'instigatrice du crime.

(2) Il serait plus exact de dire fœticide et non infanticide Mais nous avons déjà expliqué plus haut pourquoi nous faisons entrer aussi l'avortement sous cette dénomination.

(3) Il est à remarquer que le fait de l'avortement commis sur une femme par une matrone a récemment (janvier 1892) formé le sujet d'une comédie jouée à Paris au Théâtre Réaliste et dont le titre était justement *L'avortement* Cette comédie, qui reproduisait trop crûment les détails du crime, a donné lieu à un procès. L'auteur, Chirac, a été condamné à 15 mois de prison et les deux actrices qui jouaient le rôle de la *sage-femme* et de la *souffrante* ont été condamnées l'une à deux et l'autre à un mois de prison J'ai dit que ce fait est remarquable, car il vient à prouver directement la fréquence et la notoriété de cette forme de *crime à deux*.

(4) Il y a quelques années, à Milan, un procès fut instruit contre une dame de l'aristocratie et un médecin, pour avortement. Les circonstances des événements correspondaient parfaitement à mon hypothèse Le procès fut naturellement étouffé dès l'instruction. — Albert Bataille, dans sa collection, raconte deux procès pour avortement qui se déroulèrent en France en 1881, et dont les accusés étaient respectivement un docteur et la femme, sa complice. L'un finit par un acquittement; l'autre, celui du docteur C.... et d'Anna Chaumont, par la condamnation des deux prévenus.

Parfois, c'est l'amant qui, avec ou sans le concours du médecin ou de la sage-femme, conseille et pousse la femme à l'avortement.

Robert Gentien avait essayé de décider Marie Bière à se débarrasser du fruit de leurs amours. Fouroux, le maire de Toulon dont le procès fit il y a deux ans un si gros scandale en France (1), poussa et força sa maîtresse, Mme de Jonquières, à se rendre chez une sage-femme et à laisser la matrone pratiquer sur elle un avortement.

Qui peut arriver à dire combien d'amants ont fait et font encore comme lui?

Nous ne pouvons qu'indiquer cette idée, car nous nous trouvons dans l'impossibilité, non pas certes par notre faute, de porter des exemples à l'appui (2).

Il y a pourtant d'autres cas d'avortement et d'infanticide plus graves et plus criminels que ceux dont nous avons parlé jusqu'ici et qui, heureusement, ne restent pas toujours impunis. Il y a ici aussi deux coupables, et la femme y est également entraînée au crime par son complice.

Je veux parler de ces drames obscènes qui commencent par l'inceste et finissent par l'avortement ou l'infanticide. C'est le père, ou l'amant de la mère qui a un ignoble caprice pour la fille. Homme perdu de vices, il veut goûter le plaisir aigu et raffiné, propre des dégénérescences

(1) Voir Bataille · *Causes crim. et mondaines de 1891.*

(2) Nous parlerons longuement ailleurs des sociétés qui se forment dans les grands centres et qui se proposent comme but l'avortement. Voir · *Die Verbrecherwelt von Berlin* dans la *Zeitschrift* de Listz, Band IV, 1888, et l'article de Benjamin Waugh sur les « faiseuses d'anges » dans la *Contemporany Review* du mois de mai 1890

séniles, de s'accoupler à une enfant. La promiscuité de
la vie en commun lui présente les occasions pour assouvir
sa luxure, parfois dans les formes brutales du viol,
souvent à l'aide de mille ruses et de mille pièges, et il
arrive à corrompre la naïveté inconsciente de l'enfant
qui se donne à lui sans penser à mal. Le crime une fois
commis, les rechutes sont spontanées, l'enfant trouve en
son séducteur un maître qui veut en faire le jouet de ses
désirs ; elle sait que les mauvais traitements l'attendent
si elle ne s'y plie pas, elle subit le mâle avec la docilité
primitive de la femelle et elle s'incline, car elle n'est plus
que l'esclave de son maître, l'instrument de sa volonté.
Une dégénérescence lente a lieu en elle, qui la prépare à se
rendre dans la suite complice d'autres crimes. Si elle
devient enceinte, ce sera encore lui qui voudra la convaincre et la forcer à tuer son enfant; et elle cèdera
encore et toujours, par peur, par suggestion.

Laurent (1) parle d'une enfant, Georgette Boges, accusée
d'infanticide, avec la complicité de sa mère et de l'amant
de cette dernière, un ouvrier appelé Plot. Les amants
vivaient ensemble, et Georgette avec eux :

« Plot se laissa séduire par les grâces juvéniles de l'enfant à peine nubile (2). Une ardeur s'alluma dans son
cerveau de mâle en rut, et un jour il la posséda, presque
sous les yeux de la mère... La petite l'avait sans doute
vu faire plusieurs fois à sa mère l'acte qu'il lui proposait;

(1) L'année criminelle (1889-1890), page 235, Lyon, Storck.
(2) Georgette avait 12 ans.

elle avait peut-être remarqué que celle-ci y prenait plaisir.
Pourquoi ne ferait-elle pas comme sa mère? Et elle se sou-
mit, docile et obéissante, subissant les caresses de l'homme
sans dégoût comme sans plaisir...De ce moment Georgette
était tout entière à Plot. Il pouvait en faire ce qu'il voulait. Il pouvait l'amener au crime et il l'y a amenée ».

En effet, devenue enceinte, elle accoucha clandestine-
ment, et son amant la força à l'aider au meurtre de l'enfant. Plot était arrivé à la faire obéir si aveuglément à
ses ordres, à la terroriser à un tel point que, devant le
juge d'instruction, elle s'accusa seule coupable du crime,
en niant toute complicité de la part de Plot et de sa mère.
Ce fut à l'audience que la lumière se fit.

C'est là un phénomène étrange et incompréhensible au
premier abord, que cette victime qui pardonne à qui l'a
fait souffrir, qui défend ceux qui ont été la cause de ses
douleurs. Cette résignation humble, cette absence totale
de tout légitime sentiment de vengeance ou de haine sont
quelque chose de chrétiennement sublime. Pourtant le
phénomène est loin d'être rare. Il s'est répété dans le procès
de Désirée Ferlin, analogue à celui de Georgette Boges.

Ferlin, corrompu jusqu'à la moëlle, criminel qui avait
abruti sa femme et ses maîtresses à force de mauvais
traitements (1), attira un jour sa fille sur un lit, étouffa

(1) Ferlin était la terreur, non-seulement des siens, mais encore de tout
le pays Il avait servi dans les bandes de la Commune et se vantait comme
d'une gloire d'avoir été « l'un des premiers à fusiller les Versaillais et l'un
des derniers à abandonner Paris en flammes. »

ses cris en lui mettant une main sur la bouche, la para-
lysa par ses menaces et la viola.

Désirée, « une jeune fille de dix-huit ans, blonde,
chétive, aux traits pâles et fatigués, d'un caractère fort
doux », dut désormais partager les caresses de son père
avec ses autres maîtresses. Dégoûtée de cette vie infâme,
elle voulut fuir la maison ; son père la reprit. Elle devint
enceinte et, lasse de ses résistances inutiles, elle laissa
pratiquer sur elle un avortement. Ferlin brûla le fœtus.

Selon toute apparence, Désirée, pendant le procès,
aurait dû accuser le père et rejeter sur cette hideuse
figure la responsabilité de sa conduite ; mais, bien au
contraire, elle refusa d'abord de parler de lui ; puis,
forcée à faire des aveux, elle lui chercha une excuse.
« Quant à moi, dit-elle aux jurés, si vous me croyez
coupable, prenez-moi, mais, je vous en supplie, ayez
pitié des cheveux blancs de mon père qui a été entraîné
par sa malheureuse passion ! » La première fois qu'elle
fut confrontée avec Ferlin, loin de lui faire des reproches,
elle lui dit : « J'ai bien prié pour toi ! » (1)

_____

(1) Voir, pour ce procès, Bataille, ouvr. cité, 1880, page 231. — Voici la
lettre touchante que Désirée adressait, de la prison, à son père également
détenu · « Pauvre père, la peine que tu m'as causée n'a pas éteint la pitié
dans mon cœur. J'ai fait tout ce que j'ai pu pour te sauver · je n'ai pas
eu, en parlant à la justice, la pensée de me venger de toi. La vengeance
n'appartient qu'à Dieu seul ; je lui ai demandé en grâce d'avoir pitié de
toi. J'ose espérer qu'il a entendu ma prière ! O mon père ! confie lui toutes
tes peines · lui seul allégera ton fardeau. Crois-moi, si Dieu te punit dans
le temps, c'est pour t'épargner une éternité redoutable, c'est pour ramener
à lui ta pauvre âme égarée. Il eût pu te laisser continuer la triste vie, et

C'est là une magnifique générosité de pardon, diront peut-être les observateurs superficiels ; ce n'est, à mon avis, qu'un effet, certes le plus rare et le plus difficile à obtenir, de la force de suggestion.

Ces caractères impérieux et mauvais qui savent s'imposer à un faible et en faire ce que bon leur semble, ne se contentent pas de rendre leur *succube* docile à tous les caprices lorsqu'ils l'ont sous la main, ils ont encore la terrible prérogative d'exercer sur lui un charme mystérieux, qui fait qu'il n'a pas le courage de se révolter même de loin, lorsqu'il n'a plus rien à craindre, et sa peur devient du respect, sa haine devient de l'amour.

De même que le chien lèche la main qui le frappe, la victime est parfois pleine de vénération pour son bourreau. L'on croirait à des aberrations psychologiques, et il n'y a là, au contraire, que des conséquences fatales de la rencontre de deux caractères opposés.

Nous avons, au chapitre I, parlé en passant des rapports entre les génies et leurs maîtresses : le mépris et la négligence dont ces dernières sont l'objet ne font qu'en augmenter le dévoûment. Plus on est méprisé en amour et plus on aime. Cette loi bizarre se retrouve également dans l'amour mystique, dans la foi religieuse : la divinité

---

te frapper de mort au moment où tu t'y serais le moins attendu, sans te laisser un seul instant pour te repentir ! Aie donc la contrition. Repens-toi. Il n'est pas de faute que Dieu ne pardonne. Et toi, pardonne, comme je pardonne à ma mère qui, par faiblesse, n'a pas osé t'arrêter sur la pente fatale ! Qu'elle fasse de mes frères d'honnêtes gens et leur donne de bons exemples, afin qu'ils ne tombent pas dans le mal où tu es tombé ! »

est adorée à raison des tourments que l'on croit infligés
par elle. C'est la volupté du martyre qui grandit la vénération pour qui fait souffrir.

De même, sur le terrain pathologique, plus un malheureux subit les sévices et les tourments physiques et
moraux d'un méchant et moins il a conscience de lui-même
et de ses droits : il s'efface devant son maître et ne vit
qu'en lui et pour lui (1).

_____

(1) Nous pourrions encore, aux exemples indiqués dans le texte, en
ajouter un grand nombre qui viendraient prouver ce que nous affirmons.
Nous ne citerons que le cas de Mlle Doudet, comme étant le plus célèbre et
le plus tragique. C'était une institutrice, au service du docteur Marsden,
un Anglais très riche. Le docteur Marsden avait cinq enfants, et, resté
veuf, ne pouvant s'occuper lui-même de leur éducation, il les confia aux
soins de Mlle Doudet, une jeune fille dont les informations étaient excel-
lentes et qui avait passé plusieurs années auprès de la reine d'Angleterre.
Les enfants adoraient leur institutrice et en faisaient à leur père les plus
grands éloges. Quelque temps après, le docteur Marsden reçut des lettres
anonymes qui accusaient Mlle Doudet de maltraiter les enfants confiés à ses
soins : on disait qu'elle les tenait pendant des heures pieds et poings liés
dans un cabinet noir, qu'elle les battait et leur faisait endurer la faim.
L'accusation était tellement absurde et invraisemblable que le docteur
Marsden n'y crut pas. Les enfants pourtant avaient mauvaise mine :
Mlle Doudet attribuait ce fait à des habitudes dégoûtantes qu'elle leur avait
souvent reproché en présence de leur père. Le docteur Marsden demanda
aux enfants s'ils avaient à se plaindre de quelque chose, ils répondirent
tous que non, en renouvelant leurs déclarations d'affection et de reconnaissance pour Mlle Doudet. Les lettres anonymes semblaient donc n'être
que des calomnies. Enfin, la mort de l'un des enfants arriva à éveiller les
soupçons. Le docteur Marsden ôta les enfants à l'institutrice et les confia
à des parents à lui. Dans la nouvelle maison, tout d'abord les enfants
continuèrent à faire l'éloge de Mlle Doudet et lui écrivirent même des
lettres pleines de tendresse; seulement, quelques mois après, ayant recou-
vré la santé et se trouvant encouragés par le milieu sain et sûr dans
lequel ils vivaient, osèrent-ils révéler, par des dépositions écrasantes, les
infamies commises sur eux par Mlle Doudet. La singulière puissance de
suggestion de cette femme avait enfin cessé. — Voir le procès (qui a eu
lieu en 1855) plein d'intéressants détails dans la *Revue des grands procès
contemporains* de Lèbre, tome IV, 1886

On arrive, par la suggestion, à ce degré d'abrutissement, et je dirais, si la comparaison ne semblait trop paradoxale, que dans ces *couples dégénérés* se présente, sous une forme individuelle, le même phénomène qui a lieu, sous une forme collective, entre le despote et son peuple. La longue habitude du servage fait disparaître toute velléité de révolte; le joug trop longtemps porté met les muscles du cou dans l'impossibilité de se redresser et l'on trouve peu de rebelles là où il y a un tyran; la majorité du peuple est esclave par organisme, par hérédité, et non seulement elle obéit à son maître, mais elle l'exalte et elle l'adore. Voyez les Russes : ils vénèrent le Czar comme le représentant de Dieu sur terre : toutes les vexations, toutes les infamies dont ils sont l'objet ne font qu'augmenter ce respect docile et religieux. — C'est ainsi que nous devons vivre, disent-ils, parce que c'est ainsi qu'il le veut : nous ne pouvons que lui obéir et l'aimer. (1) C'est la morale catholique dans tout ce qu'elle a de plus lâche et de plus eunuque; c'est l'abaissement de l'homme jusqu'à la brute et à la machine.

Il est certain que seuls les caractères faibles au plus haut degré se plient jusqu'à ce point et qu'heureusement la suggestion n'a pas toujours de semblables effets.

S'il faut, pour devenir un rebelle, être doué d'une éner-

(1) Voir à ce sujet le livre magnifique *Sibéria*, révélations de Giorgio Kennan, Lapi, Citta di Castello, 1891; et consulter également sur la suggestion du despote : Bagehot, *Lois scientifiques du développement des nations.*

gie de caractère peu commune, il est facile que les citoyens arrivent au moins à maudire tout bas le tyran, s'ils n'ont pas le courage de le maudire tout haut.

De même, s'il y a des victimes comme Georgette Boges ou Désirée Ferlin qui, malgré tout, aiment leur père et le défendent, (1) l'on trouve aussi, et plus fréquemment, des malheureuses violées et entraînées à l'infanticide par leur père, qui, tout en ne pouvant pas se soustraire au pouvoir de leur mauvais génie, osent pourtant l'accuser, une fois délivrées, et le font même avec une certaine satisfaction.

La *Chronique des Tribunaux* de 1835 raconte avec de nombreux détails le procès contre Jean-Baptiste Lemaire et Victorine Lemaire, le premier étant accusé d'avoir violé son enfant à l'âge de 13 ans et d'avoir ensuite cohabité avec elle pendant 14 ans. Ils étaient en outre accusés tous deux d'avoir commis un avortement et un infanticide.

Il est inutile d'exposer longuement les faits de ce procès qui rappelle de tous points les procès de la Boge et de la Ferlin, déjà cités.

(1) Il faut remarquer que la Ferlin était une véritable hystérique, ce qui, en grande partie, explique pourquoi son père était arrivé à avoir sur elle une si grande puissance de suggestion. On la mit dans un couvent et cette fille si dépravée devint d'une dévotion des plus ardentes et se grisa, pour ainsi dire, de mysticisme. — « Le cloître, dit Bourget dans une phrase superbe, c'est l'alcool des femmes hystériques. » — Elle envoya à son père une petite médaille de la Sainte Vierge et lui écrivit des lettres dans lesquelles le sentiment religieux se manifeste d'une façon exagérée et pathologique. — Voir à ce sujet ce que nous avons dit plus haut.

Lemaire était d'une cruauté inouïe (1); il imposait à sa fille l'isolement le plus absolu; une seule fois qu'elle avait osé sortir et aller jusqu'à la place du village, elle trouva à son retour son père en fureur; le monstre la fit mettre à genoux sur le tranchant d'une faulx pour demander pardon de cette désobéissance. — Victorine essayait parfois de lui échapper : une fois on l'entendit s'écrier : « je voudrais bien qu'on lui tirât un coup de fusil pour que je sois tranquille ». C'était une esclave, elle aussi, mais une esclave qui haïssait son maître!

Elle confessa à l'audience avoir pratiqué un avortement et avoir tué, conseillée par son père, son second enfant; mais le récit déchirant qu'elle fit de la brutalité de Lemaire lui valu l'acquittement (2).

Et je ne puis, quant à moi, blâmer les jurés. L'on peut dire, dans ce dernier cas et dans les autres cités plus haut, que la responsabilité du crime retombe presque toute entière sur l'un des deux individus qui composent le couple criminel et que l'autre a été forcé d'y porter son concours inconscient et machinal. (3)

---

(1) Il avait fait mourir sa femme de douleur : un jour il l'avait frappée à la tête d'un grand coup d'épée. — « L'expression de sa figure est hideuse, dit le chroniqueur, on éprouve en le voyant une horreur involontaire ».

(2) Voir *Chronique des Tribunaux*, déjà cit., vol. I, page 392.

(3) Nous verrons pourtant plus loin que l'individu vraiment honnête ne cède même pas à des pressions encore plus fortes que celles employées par Plot, par Ferlin et par Lemaire contre leurs filles. Ce qui, je le remarque en passant, vient à l'appui de la thèse (déjà développée ailleurs) qu'aucune

III. — LE COUPLE FAMILIAL

Les exemples de couples criminels que nous allons examiner tout à l'heure sont moins tragiques et moins dignes de pitié, mais ils n'en sont pas moins dus à la suggestion.

C'est l'amour sexuel, dans ses formes coupables ou pathologiques, qui, dans les couples décrits jusqu'ici, attachait l'*incube* au *succube*, et c'est dans l'amour que le crime commis trouvait son origine ou, tout au moins, l'une de ses causes, soit que cet amour fut mutuel, soit qu'il fut éprouvé par un seul des deux amants et qu'il fut simplement subi par l'autre.

Le lien de la famille fournit aussi, pour ainsi dire, l'occasion à la formation d'un autre couple criminel.

De même qu'il est facile que de deux amants, dont l'un est un pervers et l'autre un faible, celui-ci devienne

---

forme de suggestion n'arrive à supprimer entièrement la personnalité, le *moi normal* de l'individu et à le rendre par conséquent irresponsable.

On peut dans les recueils de procès déjà cités trouver d'autres exemples de couples infanticides. Je rappellerai ici seulement trois autres cas : celui du docteur Vigouroux et de sa nièce et maîtresse, Philomène (V. Bataille, *Les faiseurs d'anges de Langognes*, 1886, page 183), celui de Bastide et Adolphine V. (V. Laurent, *l'Année criminelle*, p. 259); et la fameuse affaire Castellan (V. *Revue des grands procès* déjà cit.) ou il s'agit pourtant de véritable suggestion hypnotique, plutôt que de suggestion à l'état de veille.

l'instrument de celui-là, il est aussi facile, lorsqu'il y a dans une famille un méchant près d'un individu au sens moral borné, que le premier arrive à corrompre le second et à le rendre parfois complice d'un crime. Là la passion, ici les fréquents rapports de la vie en commun sont des circonstances exceptionnellement favorables à la naissance et au développement d'une suggestion criminelle.

On a beaucoup parlé de l'influence que peut avoir l'exemple et l'éducation de la famille sur le réveil et la fécondation des germes d'une prédisposition, même lointaine, au crime ; et l'on a recueilli des faits à l'appui de cette assertion qui, du reste, est intuitive en elle-même. La contagion du mal, déjà si forte dans le milieu vaste et varié de la société, ne pourra que mieux et plus rapidement se développer dans le milieu restreint et uniforme de la famille.

Or, de cette contagion, dont on n'a parlé jusqu'ici que d'une façon vague et indéterminée, nous allons choisir maintenant les cas les plus simples, dans lesquels elle se manifeste seulement entre deux individus, et qui par conséquent présentent la forme d'association criminelle que nous étudions.

Devant la Cour d'assises du Var comparurent au mois d'avril 1876 Victorien Meille, accusé de parricide et sa mère, comme instigatrice de ce crime.

Depuis qu'il avait quitté la maison paternelle, disait Me ' . il avait été en butte aux obsessions de sa mère

qui n'avait cessé de l'exciter contre son père, en lui
répétant que celui-ci ne manquerait pas de les déshériter,
sa sœur et lui « Il faut le tuer, lui disait-elle, afin qu'il
ne fasse pas de dispositions qui vous soient préjudi-
ciables ». Et comme il se refusait à écouter de semblables
conseils, la femme Meille de s'écrier alors dans un
langage des plus expressifs : « Eh quoi ! est-il possible
que tu sois naïf à ce point ? Comment peux-tu voir d'un
œil indifférent ce qui se passe ? Ne comprends-tu pas que
ton père laissera tout son bien à sa tante par une donation ?
Vous pourriez avoir un peu de bien, ta sœur et toi, mais
si vous le *laissez faire* vous n'aurez absolument rien. »
Puis elle ajoutait : « Oh ! si je ne craignais pas de le
manquer, je l'aurais déjà fait moi-même ! »

Dans la suite la femme Meille aurait ajouté des instruc-
tions particulières aux conseils qu'elle donnait à son fils.
« Ton père a deux vaches qu'il conduit lui-même paître ;
prends donc le fusil de ton beau-frère et profite du
moment pour guetter ton père et le tuer ! »

Mais Victorien Meille résistait (1).

Enfin, un jour qu'il était allé voir sa mère, celle-ci
se montra plus pressante, et pour donner une influence
décisive à ses paroles, elle alla chercher le fusil que son
gendre tenait dans sa chambre et le remit à son fils. Il

---

(1) L'audience établit que la femme Meille avait conçu depuis longtemps
le dessin de se défaire de son mari et qu'à un moment donné elle avait
voulu associer à ses projets une autre personne que son fils lorsque
celui-ci ne semblait pas disposé à devenir son complice.

céda cette fois et il exécuta le crime en suivant les indications de sa mère (1).

Une reproduction presque identique du parricide Meille nous est donnée par l'affaire Enjalbert.

Enjalbert avait 45 ans, mais il était malade et incapable de tout travail. Sa femme, de mœurs déplorables, voulait s'en défaire comme d'un poids inutile, pour vivre plus tranquillement avec ses amants.

Le dernier d'entre eux, tout en consentant à lui donner de l'argent, refusait de lui en donner assez pour nourrir aussi Enjalbert. La femme essaya alors d'empoisonner son mari, mais n'ayant pas réussi elle décida de le tuer, en se faisant aider par son fils François.

François avait 17 ans, il était peu développé et faible d'esprit. Sa mère lui fit entrevoir une vie heureuse et sans travail s'il consentait à l'aider au meurtre d'Enjalbert. Un mois après elle avait vaincu toute résistance et le crime était décidé.

Un soir, le père, la mère et le fils partirent de Gabian pour Béziers. La mère avait caché un revolver sous ses jupes; son fils ne portait qu'un bâton. Arrivés à un certain point, la femme Enjalbert dit à son mari de lui lacer le cordon de son soulier; le malheureux se baisse et elle lui décharge à bout portant trois coups de son revolver dans la nuque, tandis que le fils, armé de son bâton, le frappe sur la tête.

(1) Aubry, *La contagion du meurtre*, page 23.

Après le crime François fit des aveux complets et spontanés (1).

Après les mères qui incitent leurs fils au crime, c'est le tour des femmes qui y poussent leurs maris.

Rose Plancher, femme de Jean Faure, détestait son beau-frère Claude, paysan riche et très estimé dans le pays pour sa grande honnêteté. Jean, au contraire, était pauvre et jouissait d'une mauvaise réputation. Il avait épousé, malgré son frère, la fille Plancher dont la famille était entourée d'une légende sinistre (2) et qui en avait fait son esclave.

Rose Faure, pour s'emparer de la fortune de son beau-

(1) Laurent · L'*Année criminelle*, p. 247 ; voir pour plus de détails : Raymond de Rickere · *La criminalité féminine* dans la *Belgique judiciaire*, janv., févr. 1891.

Despine (*Psych. nat.*, II, 299) rappelle un fait analogue · le meurtre de L. Nazet commis par sa femme et son fils, que sa mère avait suggestionné ; Aubry dans son ouvrage récemment publié, *De l'homicide commis par la femme*, rappelle également l'assassinat commis par la femme Léger et par son fils qu'elle avait suggestionné

(2) Cette légende est intéressante, car elle fournit, si elle est vraie, un document de la plus grande importance à l'appui de l'atavisme dans ce crime. Au commencement du siècle, à Peyrebelle, dans une passe sauvage des montagnes de l'Ardèche, se trouvait une auberge que l'on appela plus tard l'*Auberge des tueurs*. Le voyageur qui s'y arrêtait pour passer la nuit ne se réveillait plus. L'hôte et sa femme l'étranglait dans son sommeil, ses chairs étaient desséchées au four et les ossements étaient dispersés dans les précipices. En 1833, après 25 ans de crimes, l'hôte, sa femme et leurs complices furent arrêtés et moururent sur l'échafaud le 2 octobre Or, selon la légende, Rose Plancher descendait directement de ces aubergistes assassins Ce qu'il y a d'étrange, c'est qu'elle aussi dispersa, paraît il, aux quatre vents de la montagne les os de son beau frère après en avoir fait bouillir le corps. Il y aurait donc un atavisme même dans la façon d'exécuter le crime. Il est en tout cas certain que le grand oncle de la femme Plancher fut condamné aux travaux forcés à perpétuité pour avoir fait rôtir une femme.

Rose Plancher

Jean Faure

frère et pour assouvir sa haine décida de le faire tuer par son mari. Elle répéta tous les soirs pendant de longs mois à Jean qu'il fallait en finir avec son frère. Elle lui reprochait souvent de ne pas l'avoir tué en revenant à la maison pendant la nuit, à travers les dangereux sentiers de la montagne. Elle arriva un jour à le menacer d'un empoisonnement s'il ne se décidait pas à la débarrasser de son beau-frère.

Jean Faure ne résista pas longtemps aux prières pressantes et aux menaces de sa femme : la richesse de son frère lui faisait envie ; il avait donné déjà, du reste, plus d'une preuve de sa douteuse probité, il était donc naturel qu'il finît par céder après un temps plus ou moins long.

Pourtant le soir du crime la force de commettre un fratricide lui manqua ; Rose le fit boire ; c'est alors qu'excité par le vin il frappa et tua son frère (1).

Ce qu'il y a de monstrueux dans ce procès, c'est la conduite, après le crime, de la femme Plancher « une femme qui avait l'air d'une hyène féroce et lâche ». Elle fit bouillir le corps de son beau-frère, donna la chair à manger aux cochons et quant aux os, elle les porta au

---

(1) Le frère de Rose prit part au crime avec les époux Faure ; il se fit justice, à peine arrêté, en se suicidant en prison. C'était un jeune homme relativement honnête (son suicide, selon toute probabilité, en est, une preuve) qui ne fit qu'obéir à sa sœur en prenant part au crime ; mais à ce qu'il paraît, il ne porta même pas la main sur la victime. Son rôle ressemble à celui de Lucien Fenayrou (V. chap. II) qui lui aussi était complice par suggestion d'un crime qui offre de nombreux points de ressemblance avec celui-ci

sommet d'une montagne presque inaccessible, toute cre-
vassées de gorges et de cratères éteints, où elle les dispersa (1).

Un autre exemple typique de *couple criminel* nous
est donné par les époux Schneider, les *assassins des
servantes*, condamnés à mort en janvier 1892 par la Cour
d'assises de Vienne. Voici en quels termes un journa-
liste italien qui assistait à l'audience décrit ces deux
criminels : — « François Schneider appartient aux
dernières couches de la société, il est dépourvu de toute
instruction, ne sachant ni lire ni écrire. Il n'a pas d'idées
à lui et n'agit que lorsqu'il est suggestionné. Il est cyni-
que, brutal, rude et vigoureux. Il a un cou de taureau et
la poigne puissante. Sa mâchoire inférieure est très sail-
lante, les cheveux drus, sont roux. Il commença par le
vol dans sa jeunesse, du vol il passa à l'effraction.

« Ce fut à cette époque, — à peine sorti de prison où il
avait passé huit mois — qu'il connut Rosalie Schneider,
femme de chambre de son métier, ayant six ans de plus
que lui. Ce jeune type de boucher robuste lui plut et elle
en imposa à cet homme à moitié idiot par sa fine éducation et la vivacité de son intelligence. Du reste ils s'étaient
compris : leur mariage n'était qu'une société criminelle
et rien de plus.

« C'est Rosalie qui la première eut l'idée des assassi-

(1) V. Bataille, ouv. cité, 1886 page 384.

nats. Elle proposa à son mari d'attirer dans le bois de Neulengbach les jeunes filles qui arrivaient de la province à la recherche d'une place de femme de chambre dans la capitale, et de les dépouiller. Rosalie disait à la victime qu'elle avait sous la main une excellente place, elle la conduisait dans une auberge où elle la faisait boire et manger, puis elles allaient en compagnie de François se promener dans le bois. Et c'est là que les malheureuses jeunes filles étaient étranglées par ces monstres à figure humaine. Ils firent de telle sorte, trois victimes.

« A l'audience, François Schneider nous fit l'effet d'une brute inconsciente dont sa femme faisait ce qu'elle voulait. Dépourvu de tout sens moral, incapable même de comprendre l'immense gravité des horreurs qu'il commettait, il étranglait lorsque Rosalie lui disait : « Etrangle » et qu'elle lui donnait l'exemple.

En septembre 1892 à Linz en Autriche, se déroula un procès intéressant au dernier degré et dont les accusés étaient mari et femme.

Les époux Scheffer, après trois ans de mariage vivaient encore heureux dans leur tranquillité et ceux qui les respectaient et leur portaient envie étaient loin de penser que ces deux suaves figures d'idylle étaient destinées à se transformer un jour en personnages tragiques. Ils n'étaient pas riches et le mari devait, pour vivre, se soumettre à un rude labeur. Mais grâce à un événement inespéré, cet unique nuage devait disparaître.

Une de leurs parentes, une jeune fille nommée Mina Weser, perdit presque en même temps père et mère et se trouva à la suite d'un héritage, riche de plusieurs millions. Seule et sans soutien elle demanda aux Scheffer de la recevoir chez eux.

L'offre fut naturellement acceptée de bon gré : c'était l'aisance qui entrait dans la maison, apportée par cette gracieuse et jolie créature.

Plusieurs mois s'écoulèrent de la sorte.

Si Mina allait se marier ?

Cette idée qui tout d'abord n'était qu'une prévision toute naturelle, devint l'obsession du ménage qui craignait de voir la fortune leur échapper. Les millions de la jeune fille étaient leur idée fixe. Comment les empêcher de tomber en d'autres mains ? De quelle façon se les assurer à jamais ? Et peu à peu, par un travail psychologique obscur et peut-être même inconscient, l'idée du crime entra dans leur esprit — idée repoussée d'abord avec horreur, caressée plus tard comme un espoir de délivrance et s'imposant enfin dans l'exaspération fébrile du désir.

C'est le mari qui, paraît-il, fut le premier à proposer à sa femme le meurtre de Mina et qui arriva à la persuader, après avoir eu raison de ses refus persistants, à devenir complice de ce sinistre dessein.

Voici comment ils bâtirent l'affaire : — Mᵐᵉ Scheffer serait tenue pour morte : le veuf après quelques mois jouerait la comédie de l'amour avec Mina, chercnerait à se faire aimer d'elle et l'épouserait : une fois marié, il l'empoisonnait, après lui avoir arraché un testament en sa faveur. Après quoi il allait avec les millions, rejoindre en Amérique sa première femme.

La victime désignée allait se prêter d'elle même à l'exécution de ce plan plein d'hardiesse et d'habileté. Mina Weser se prend d'un amour sentimental pour Scheffer ; elle n'avoue pas sa passion, son honnêteté la fait lutter jusqu'au départ de l'épouse, mais après la disparition de cette dernière, après la complète réussite de la mort simulée de Madame Scheffer, elle ne put cacher davantage son amour et facilita ainsi la seconde partie de ce crime si long.

Quelques mois après, Scheffer et Mina Weser se marient, et le misérable commença tout de suite à mettre à exécution le dernier acte de l'œuvre infernale — l'empoisonnement.

Mais une étrange crise psychologique du plus haut intérêt. vint à se produire ; — le faux veuf, à force de feindre la plus vive affection pour sa nouvelle femme, ému peut-être aussi par sa passion naïve et sincère, finit par aimer Mina pour tout de bon et n'eut plus le courage de lui donner la mort.

Du reste, quant à lui, n'en était-il pas arrivé à ses fins ? Ne jouissait-il pas de ces millions qu'il avait acquis? En renonçant à empoisonner Mina Weser, il substituait

une simple trahison à un meurtre prémédité. Il oubliait
et il abandonnait sa première femme plutôt que de tuer
la seconde : — il n'y avait que la victime de changée.

Et c'est ce raisonnement brutal mais inexorable qui
le persuada bien plus, à mon avis, que la compassion et
l'amour. Il ne pensait certes pas que sa complice aurait
tiré vengeance de sa trahison.

Pendant ce temps, Mme Scheffer ne voyant pas
arriver la nouvelle si impatiemment attendue, commençait de loin à s'impatienter. Un an s'était écoulé, le mari
depuis quelque temps n'ecrivait plus : qu'était-il donc
arrivé ?

Ayant conçu un soupçon, elle s'embarque, revient en
Europe, va à Linz en se cachant sous un faux nom et là,
elle apprend toute la vérité.

Qu'aurait fait une autre femme à sa place ?

Elle se rend chez le procureur impérial et fait des
aveux complets, se perdant pour perdre son mari.

Quelques jours après, Scheffer fut arrêté, et les jurés
le condamnèrent aux travaux forcés pour tentative d'empoisonnement et bigamie.

Nous pourrions encore citer de nombreux exemples
de femmes qui entraînent leur mari au crime, (1)

---

(1) Voir dans la *Chronique des Tribunaux* vol. I, à page 293 et 380
les procès des époux Henry et des époux Soulet assassins · la femme
dans les ceux cas, est l'instigatrice du crime. Coire (*Les criminels*
page 183) raconte aussi un crime dont les coupables étaient mari et
femme et que je cite textuellement, car le cas est étrange et intéressant
pour la psychologie · « Les gens pieux savent concilier le crime avec la

d'hommes qui le persuadent à leurs femmes, de frères qui y poussent leurs frères, (1) mais sauf les différentes particularités matérielles, le fait, au point de vue psychologique, reste toujours le même.

Dans ces crimes familiaux qui le plus souvent ont le

religion, et celle-ci n'efface pas les instincts feroces, elle les exalte plutôt lorsqu'elle double d'une sorte de fanatisme le sentiment de la vengeance rancunière. Dans l'affaire du *Crucifié d'Hengoat* (Saint-Brieuc, 1883), une jeune femme, qui avait été novice, fait étrangler par son mari, qui avait songé a devenir membre de l'Institut de la doctrine chrétienne, son frère accusé par eux de parjure a propos d'un reglement de comptes. Le cadavre fut ensuite attaché les bras en croix sur les brancards d'une charrette. Le couple avait bien cherché a obtenir de Saint-Yves la punition du parent coupable, mais le saint ayant refusé son intervention, on s'était résolu au meurtre, le surlendemain la femme allait communier. Le jury acquitta les accusés »

(1) Despine (ouvr. cité, II, 301) raconte le fait suivant: les frères Jacques et Simon Bonnefoy sont irrités contre leur mère parce qu'elle veut se marier pour la troisième fois, et ils prévoient les conséquences financieres de ce mariage comme deplorables pour eux. Jacques est le plus féroce, il menace et il frappe sa mère et force Simon et sa sœur à abandonner la maison paternelle. La mère, restée libre, se marie. La colère de Jacques grandit, il dit à sa sœur qu'on ne lui ôtera pas l'argent de sa mère parce qu'il la tuera. Il excite la haine de Simon et le force—lui, le plus timide — à se rendre a la maison pour en chasser le mari. Après une scène violente Simon dit à Jacques qu'il en a assez de ces discordes continuelles ; mais son frère rallume sa haine, le persuade qu'il faut tuer leur mère et l'entraîne un jour avec lui au crime.

En janvier 1892 s'est déroulé à Berlin le fameux procès contre Mᵐᵉ Prager — femme galante bien connue — et son frère, celui ci comme meurtrier de son beau frère, et l'autre comme instigatrice du crime. La femme Prager, pleine de ruse et d'intelligence, persuade à son frere, à moitié idiot, de se cacher dans la chambre à coucher de son mari et de le frapper d'un coup de couteau pendant son sommeil. Le frère hésitait · elle lui donna du cœur et elle dirigea le coup. — Je pourrais encore citer un grand nombre de cas de couples familiaux, que je dois à la gracieuseté d'amis qui ont bien voulu me les faire parvenir après la publication de l'édition italienne de cet ouvrage. Mais je crains de fatiguer le lecteur en les rapportant. Que mes aimables correspondants, parmi lesquels il me plaît de citer MM. A.-G. Bianchi et P. Materi, journalistes distingués, veuillent agréer mes remerciments ; je leur promets de mettre à profit les documents qu'ils m'ont fournis dans mon ouvrage sur l'*Association criminelle*.

gain pour mobile, où l'on ne trouve presque jamais la moindre étincelle d'une passion moins basse qui arrive à donner au coupable une pâle excuse, ce n'est pas la rencontre d'un pervers et d'un faible qui a lieu, et, par conséquent, la lente corruption de celui-ci par celui-là, mais bien la rencontre de deux pervers qui ne tardent pas à se comprendre et à s'associer. Il existe évidemment entre eux un rapport de dépendance et l'un n'agit que sous l'impulsion de l'autre, mais chaque rôle n'est pas aussi différent et aussi nettement distinct que dans les autres cas.

« Lorsque deux individus dépourvus de sens moral et animés de sentiments pervers se rencontrent — dit Despine — ils s'entendent bientôt pour projeter le crime. Celui dont la perversité a le plus d'activité est le meneur, et l'autre, dont les principes actifs sont semblables à ceux de son compagnon, adopte de suite les pensées de celui-ci sans répulsion (1). »

La physionomie des crimes de Meille, des Enjalbert, des Faure et des Schneider, se retrouve tout entière dans ces lignes.

Il y a pourtant d'autres cas — même parmi les couples familiaux — où l'influence suggestive de l'un sur l'autre est plus intense, et qui nous présentent dans toute leur netteté les deux types de l'*incube* et du *succube*.

(1) Ouvr. cité, vol. II, page 350.

Je rapporterai, à ce sujet, un seul fait qui donnera peut-être occasion à des remarques d'une grande utilité.

Pierre Gironde comparaissait devant le jury de Limoges sous la grave accusation de parricide. Les preuves étaient assez maigres et une condamnation semblait douteuse. Mais une scène des plus dramatiques se passa à l'audience. Martin Gironde, frère de l'accusé, était cité comme témoin : « C'est bien Pierre, dit-il qui a tué notre père ; j'assistais au crime ; j'y ai participé. Mon frère m'a forcé d'achever mon père à coups de hache !

— Pourquoi n'avez-vous pas parlé plus tôt ? demanda le président. »

— J'avais peur de mon frère. Il m'aurait tué si je l'avais accusé et si on l'avait mis en liberté par la suite ; aujourd'hui le remords m'étouffe, et, quoiqu'il advienne, il faut que je dise la vérité.

Martin Gironde expliqua ensuite que son père était descendu à la cave pour aiguiser une serpe, quand Pierre, qui l'avait suivi, se jeta sur lui et l'abattit d'un coup de hache. Attiré par les cris du vieillard et les vociférations de l'assassin, Martin Gironde était accouru. A sa vue, Pierre lui avait tendu la hache, en disant : « Puisque tu sais tout, frappe aussi, il me faut ton silence. Tue, ou tu vas mourir ». Martin frappa, terrorisé.

La vérité de ce récit fut établie. Du reste, le sincère remords de Martin et sa conduite après le crime parlent en sa faveur ; il passa toute une nuit près du cadavre,

pleurant comme un enfant. Un témoin raconta à l'audience que Martin, garçon faible et inoffensif, était véritablement dominé par son aîné, « qui le menait comme
un agneau » (1).

Mais, me dira-t-on peut-être, la suggestion n'est pour
rien dans le cas des frères Gironde. Il s'agit purement
de violence physique et non morale faite par Pierre
Gironde sur son frère.

Je pourrais accepter cette observation s'il s'agissait
véritablement de violence physique contre laquelle la
résistance eût été impossible. Il est clair que l'homme doit
ceder à une force plus grande que la sienne et qu'il est,
dans ce cas, délivré de toute responsabilité : mais Martin
Gironde pouvait se retourner contre son frère et il l'aurait certainement fait s'il avait eu un de ces caractères
auxquels les faiblesses et les hésitations sont inconnues.

Il est certain que la suggestion ici ne se présente pas
sous une forme lente et continue, qu'elle se manifeste
au contraire d'une façon instantanée, mais le différent
degré d'intensité ou la différente durée d'un phénomène
arrivent-ils à en changer la nature ?

Céder à la volonté d'un autre après que celui-ci s'est
servi pendant quelques temps de l'arme de la persuasion,
ou obéir immédiatement à sa volonté exprimée d'une
façon impérieuse et accompagnée de menaces, ne sont-ce

(1) V. Bataille, ouvr. cité 1884, page 237

pas là deux actions qui trouvent également leur cause dans la suggestionnabilité de l'individu qui arrive à céder?

L'homme véritablement honnête, de même qu'il ne se laisserait pas corrompre dans le premier cas, ne douterait pas davantage dans le second, et il saurait résister.

Despine nous donne une preuve éloquente de ce que j'avance, par le fait suivant :

Deux garçons coiffeurs tuaient un jour un nommé Doney pendant qu'ils lui faisaient la barbe, et, par des menaces de mort, voulaient forcer un de leurs camarades qui se trouvait dans la boutique à les aider à ficeler et cacher la victime. Ce garçon pris d'horreur en voyant tant de férocité, refusa résolument de se rendre complice du crime, malgré sa juste terreur ; les assassins alors l'enfermèrent pieds et poings liés dans la cave, à côté du cadavre de Doney. Heureusement le patron découvrit le crime et le pauvre garçon put être sauvé, mais il devint fou (1).

Voilà la conduite d'un homme honnête dans toute l'extension du mot, voilà comment se comporte un caractère vraiment droit devant une suggestion qui à un grand nombre de personnes peut paraître irrésistible (2).

---

(1) Despine, ouvr. cité, vol II, page 261. Despine tire ce fait d'un journal de l'Illinois de 1858

(2) Voir sur la puissance plus ou moins grande de la suggestion, hypnotique comme à l'état de veille, mon ouvrage *La foule criminelle*, Paris, Alcan, 1893, chap. III. Un fait inattaquable vient ici à l'appui de la thèse que j'ai amplement développée dans l'ouvrage cité

IV. — LE COUPLE D'AMIS

Pour compléter l'énumération des couples criminels — divisés par nous en groupes en rapport aux liens d'affection qui attachaient le succube à l'incube — il ne nous reste à parler que du couple criminel formé par deux amis (1), — couple que l'on trouve plus fréquemment dans le milieu de la prison ou dans les tavernes où se trouvent mêlés les criminels et les vagabonds, les fruits secs et les paresseux, tous les aspirants, en somme, à une place dans l'armée du crime. Nous pouvons répéter pour l'amitié, quoique à un degré différent, ce que nous avons dit pour l'amour sexuel et pour la parenté ; elle forme elle aussi une condition favorable au développement d'une suggestion criminelle, si l'un des amis est un méchant et l'autre, psychologiquement, un faible.

Shakespeare, le sublime et profond connaisseur de l'âme humaine, a créé dans Iago et Othello les types classiques de cette sorte de couple criminel.

Il nous a montré avec une évidence artistique hors

(1) Comme le lecteur pourra voir, nous avons consacré tout un chapitre (VI) au couple criminel formé par les parents qui maltraitent leurs enfants. L'importance, non seulement psychologique, mais encore sociale que ces crimes ont actuellement, nous a induit à en parler séparément, bien que l'ordre logique de l'ouvrage eût voulu que cette étude fût comprise dans le précédent paragraphe, parmi les cas de couples familiaux

ligne comment un méchant peut arriver à inoculer goutte à goutte le poison d'une idée criminelle dans le cœur d'un homme honnête et comment il peut l'entraîner au crime.

Nous avons déjà, dans l'introduction de notre ouvrage, fait allusion à l'influence néfaste qu'un individu corrompu peut avoir sur son compagnon, et nous avons cité quelques exemples à l'appui.

Il suffira d'en ajouter quelque autre caractéristique, car il est inutile de parler davantage de cette forme de suggestion à deux, qui est la plus commune et la plus étudiée.

Ferri, dans son *Omicidio* (1) cite deux cas : celui de Audony garçon doué d'une force herculéenne, mais d'une grande docilité de caractère, dont la conduite fut bonne jusqu'à un âge mûr lorsque, sous la suggestion du meurtrier Latour, il arriva à se rendre complice d'un assassinat : — et celui de Rousselet qu'Edouard Donon obséda tellement, voulant se servir de lui pour se débarrasser de sa mère, qu'il avouait à l'audience « Je ne saurais dire tout ce qu'il a fait pour me décider. »

On lit dans la *Chronique des Tribunaux* (2) à propos de la bande de Lacenaire, que ce dernier avait pris avec lui un nommé François, individu faible mais non entièrement pervers, et qu'il était arrivé à le corrompre. Une fois Lacenaire voulait que François l'aidât à commettre un assassinat : François après avoir longtemps

(1) 1re Partie.
(2) Vol. II, pag 222.

refusé, finit par promettre, non pas de prendre une part
directe au crime, mais de faire simplement le guet. Lacenaire après avoir égorgé sa victime, dit avec un grand
mépris à son camarade : « Lâche que tu es, tu ne feras
jamais rien pour monter sur l'échafaud ».

Laurent (1) raconte l'histoire d'un hystérique entraîné
au crime par une fille avec laquelle il avait pendant
longtemps mené la vie en commun.

Despine (2) rappelle un paysan nommé Girbas qui
se laissa entraîner par Collas à tuer son maître.

Mais le cas typique nous est donné par Porcher et
Hardouin et il mérite d'être raconté tout au long.

Porcher, un garçon de vingt ans, est arrêté pour vol
et il fait en prison la connaissance d'Hardouin. Ce dernier lui fait la proposition de tuer ses beaux-parents et lui
promet 1500 francs pour sa peine. Porcher n'ose accepter.
C'est alors que pour combattre ses hésitations, Hardouin
lui raconte une foule de crimes restés impunis, et commis
par des hommes *qui ne tremblaient pas comme lui.*
Porcher restait muet. Un jour Hardouin lui dit : « Il
faut absolument que tu me les tues ; ils me tourmentent
constamment, ma femme est devenue folle ». Ces paroles
me faisaient peur, disait plus tard Porcher, je réfléchis-
sais et *je ne pouvais me décider à tuer des gens que*

---

(1) Laurent · *Les suggestions criminelles* dans *les Archives de l'anthropologie crim. et des sciences pén.*, 15 nov. 1890, pag. 625.

(2) Ouvr cit. vol. II, pag, 288

je ne connaissais pas et cela sans aucun motif personnel. (1) Une autre fois Hardouin dit à Porcher : « Il faut te décider : si tu ne veux pas tuer mes beaux parents à peine sorti de prison je te ferai ton affaire. » Porcher s'assura que les menaces d'Hardouin étaient sérieuses : à peine sorti de prison (il avait fini son temps) il se rend chez lui et, s'armant d'un fusil, il se dirige vers la demeure des époux Chaumier, les beaux-parents d'Hardouin. Mais arrivé à un certain point il s'arrête, il pense qu'il va commettre un grand crime et il revient sur ses pas. « Le lendemain, raconte-t-il, je me lève à quatre heures du matin, pour mettre à exécution ce que je n'avais pas eu le courage de faire la veille. Je passe devant l'église du village. La vue de cette église où j'avais fait ma première communion me donne des remords. (2) Je me mis à genoux en priant Dieu de m'envoyer une bonne inspiration. *Mais je ne sais ce qui me poussait au crime.* Je me remis en route, sûr de ne pas me tromper car Hardouin m'avait décrit les lieux et tracé la route. *Dix fois je rebroussais chemin, mais plus j'hésitais et plus j'avais ensuite envie de continuer.* J'arrive. Je vois

(1) Remarquez que les raisons pour lesquelles Porcher *ne pouvait se décider* à tuer les Chaumier n'étaient pas fondées sur une profonde répulsion pour le meurtre, mais sur de simples considérations ayant rapport à la qualité des personnes.

(2) Ce phénomène est contraire à ce qui arrive généralement aux criminels-nés, qui se servent de la religion pour se raffermir dans leurs projets criminels et qui demandent à Dieu de les aider dans leurs crimes. (Voir plus haut la note 1, page 64) Ceci pourrait prouver que Porcher n'avait pas totalement perdu son honnêteté.

la domestique sortir de la maison : je la prends pour
la belle-mère d'Hardouin, je tire et je la tue. »(1)

Le meurtre commis par Porcher a, sans nul doute,
pour cause principale les incitations d'Hardouin, mais
l'on dirait aussi qu'il est dû à une idée fixe, qui avait pris
racine dans l'esprit de Porcher. La suggestion extérieure
s'était lentement transformée en autosuggestion. La
phrase : *Mais je ne sais ce qui me poussait au crime*,
et cette autre... *plus j'hésitais et plus j'avais envie
de continuer*, nous le prouvent.

Ce phénomène de transformation d'une suggestion en
une autre est rare, mais non isolé. Un autre exemple, —
encore plus évident — nous est donné par le procès des
vitrioleuses Marie Moyen et Julie Bila.

Marie Moyen est une jeune fille abandonnée par son
amant, un nommé Lecrique, qui avait jugé bon de se
marier. La douleur de l'abandon, ou peut-être les espé-
rances de mariage déçues, la décident à se venger. Elle
avait une amie : Julie Bila. C'était une jeune fille de peu
d'intelligence, mais d'un caractère passionné, qui aimait
fort Marie Moyen, sa camarade d'enfance. Marie lui fit la
confidence de ses malheurs en amour, elle lui présenta
Lecrique sous l'aspect le plus odieux, pleurant l'enfant
qu'elle prétendait avoir mis au monde, et que son père
avait renié. Julie Bila s'exalta à ce récit, elle prit en
haine l'amant de son amie ; on aurait dit qu'il s'agissait

(1) Despine . *Psych. naturelle*, II, page 355.

d'elle-même, aussi accepta-t-elle tout de suite, lorsque, quelques jours après, Marie Moyen lui demanda de l'aider dans sa vengeance. Et ce fut elle, qui, poussée par Marie, vitriola le malheureux Lecrique. A peine le crime fut-il commis, qu'elle fit des aveux complets, en se disant la seule coupable (1).

A part le mobile, il est évident que ce crime a, psychologiquement, des points de ressemblance avec le crime commis par Porcher.

Pour Julie Bila comme pour Porcher la suggestion n'est que l'aiguillon, l'étincelle qui fixe dans leur esprit l'idée du crime, idée qui se développe pour son propre compte en dehors, presque, de toute influence extérieure. Ils sont en proie à une obsession qui, naturellement, disparaît à peine le crime commis, laissant la place à un sentiment que l'on pourrait comparer à la satisfaction de qui se trouve allégé d'une immense angoisse. « Les facultés endormies, éblouies jusqu'alors par l'idée fixe se réveillent et l'auteur du crime considère son œuvre comme celle d'un malheureux qui est *en lui,* mais qui n'est pas

(1) V. Bataille, ouv. cité, 1880, Page 191. — Marie Moyen et Julie Bila nous présentent l'un des rares exemples de *couple criminel* formé par deux femmes : Corre en cite un autre (*Archives* de Lyon, 1890, page 133) formé par deux jeunes filles qui tuèrent un homme dont chacune d'elles avait été la maîtresse. — En mars 1893 comparaissait, devant la Cour d'assises de la Loire, deux femmes accusées d'avoir, le 25 août dernier assassiné le boulanger Sarret : sa veuve Marie Sarret, et la fille Louise Montchanin. Il semble que la femme Sarret n'ait agi qu'à l'instigation de sa coaccusée qui exerçait sur elle une néfaste influence. La fille Montchanin a été condamnée aux travaux forcés à perpétuité, la femme Sarret a vingt ans.

lui et qu'il ne connaît même pas » (1). En effet Porcher, après le meurtre, se sentit délivré de la voix intérieure qui ne lui laissait pas de repos et le poussait au crime avec insistance, et Julie Bila, par l'aveu immédiat et spontané et par le désir d'être seule punie, prouva qu'elle se repentait du crime qu'elle avait commis, plutôt entraînée par une force intérieure qui l'y poussait et dont elle ne savait se rendre compte, que de sa propre volonté. Porcher et Julie Bila lorsqu'ils parlent de leur suggesteur ne le font qu'incidemment et donnent comme cause principale, sinon unique du crime, un autre *moi* qui était en eux et les forçait à mal faire.

Ces cas de suggestion à l'état de veille se rapprochent beaucoup de ceux de la suggestion hypnotique. Une proposition lancée par Hardouin et souvent répétée dans la suite, une prière faite avec quelque insistance par Marie Moyen, suffisent à pousser au crime Porcher et Julie Bila, comme il suffit à l'hypnotiseur de donner un ordre à l'hypnotisé qui se trouve y avoir une naturelle prédisposition, pour lui faire commettre un crime imaginaire. Cet hypnotisé ne soupçonne pas l'existence de cet autre qui lui inspire un crime, il se sent uniquement

(1) Voir Laurent, dans l'ouvrage déjà cité, page 631 Dans cet ouvrage Laurent, en parlant des auto suggestions, fait entrer dans cette catégorie la colère et la vengeance lorsqu'elles sont satisfaites quelque temps après la provocation qui en fut le motif. Si l'on accepte cette opinion (fort acceptable à mon avis) la préméditation serait en certains cas, une auto-suggestion. — Comparer à ce sujet, Almena : *La premeditazione in rapporto alla psicologia, al diritto e alla legislazione comparata.* — Torino, Bocca, 1887.

entraîné à le commettre par une force invincible ; Porcher
et Julie Bila se souviennent à peine qu'on leur a mis au
cœur l'idée homicide, ils éprouvent uniquement un irrésistible désir de tuer. Après le crime l'hypnotisé a une
réaction qui prouve l'effort que son *moi normal* a fait
pour se soumettre à la suggestion, et Porcher et Julie
Bila se repentent et s'accusent sincèrement de leur
méfait.

La suggestion, en pareil cas, donne comme effet le
dédoublement de la personnalité du *succube* : c'est le
phénomène extrême auquel on peut arriver et qui la fai
toucher à la suggestion hypnotique, venant à prouver de
la sorte qu'elle n'est, au fond, qu'une forme atténuée de
celle-ci.

CHAPITRE IV

—

Le couple criminel (*suite et fin*)

———

I

Notre but, en recueillant la longue série de faits énumérés jusqu'ici, était de contribuer, bien que fort modestement, aux progrès de la psychologie criminelle. Persuadés comme nous le sommes qu'il est nécessaire d'étudier les criminels pour pouvoir en connaissance de cause juger des crimes et des divers aspects juridiques qu'ils peuvent prendre, nous avons cru qu'il ne serait pas inutile de mettre en lumière l'origine psychologique de quelques crimes ayant une physionomie propre et qui malheureusemnnt ne sont pas très rares.

Mais nous ne pouvons naturellement pas nous contenter d'une simple énumération, et après l'analyse il nous faut faire un travail synthétique pour résumer,

mettre en rapport et interpréter toutes ces observations.
Et ce travail est d'autant plus nécessaire, que nous nous
éloignons, à mesure que nous avançons dans notre étude,
de l'idée fondamentale qui est notre point de départ, et il
semblerait presque que nous l'avons oubliée pour exposer
les considérations auxquelles donnait lieu l'examen de
chacun de ces cas spéciaux.

Dans le chapitre premier, nous avons analysé le
couple sain, le couple suicide et le couple fou, et nous y
avons avancé que cette *forme à deux* de la suggestion
se retrouvait également et avec des notes caractéristiques
analogues dans le monde des criminels.

Notre affirmation est-elle inexacte ? Nous ne le croyons
pas.

Nous considérons, quant à nous, comme un axiome que
l'association entre deux individus est, partout et toujours,
due au phénomène de la suggestion. (1) Cette association,
toutefois, peut se constituer soit à cause du pouvoir
absolu de l'un des deux associés et par conséquent de la
soumission absolue de l'autre, soit à cause d'une mutuelle
entente, qui, pour ainsi dire, donne à chacun d'eux la
même importance, bien qu'elle laisse leurs fonctions res-
pectives nettement séparées. La suggestion se fera donc
sentir ou exclusivement de l'un sur l'autre, ou réciproquement de chacun sur son compagnon. (2)

---

(1) Et, bien entendu, non seulement l'association entre deux individus,
mais encore toutes les formes d'association Voir à ce sujet : Tarde *Qu'est-
ce qu'une Société?* dans la *Revue philosophique*, novembre 1884.

(2) Avec toutes les gradations possibles de l'un extrême à l'autre.

Nous avons deja observé, dans les quelques pages
consacrées à la suggestion amoureuse, que l'union psychologique à laquelle doivent fatalement arriver deux
amoureux, lorsqu'ils forment, comme le dit un lieu commun, plein de vérité, « deux corps et une seule âme »
peut aussi bien dériver du pouvoir exclusif que l'un
exerce sur l'autre, que du charme mutuel que tous deux
arrivent à avoir réciproquement sur l'autre. Dans le premier cas, il y a une *absorption* de l'individu plus faible
par le plus énergique, dans le second cas, une *fusion* des
deux individus. On en arrive dans les deux cas au même
résultat, car, par *absorption* comme par *fusion*, les deux
individus forment un tout organique et de leur société
on obtient une figure psychologique unique, toujours
coulée dans le même moule; les moyens seuls, ou, pour
mieux dire, les éléments dont se compose ce tout organique et cette figure, sont différents dans chaque cas. Ils
dérivent presque exclusivement de l'un des amoureux
lorsqu'il y a *absorption* et de tous deux lorsqu'il y a
fusion.

De même, les couples criminels donnent toujours un
résultat unique et se forment précisément pour une action
unique : le crime, — mais ce résultat, cette action, peut
dépendre ou presque entièrement de l'un des criminels,
ou d'une façon à peu près égale de tous deux.

Nous avons vu quelques exemples de couples d'amants
assassins, et plus encore de couples d'amants infanticides,

dans lesquels il était évident que le crime devait s'attribuer presque entièrement à l'un des criminels, car toute volonté, tout sentiment de l'autre avaient été absorbés par sa volonté et son sentiment à lui, et nous avons aussi vu des exemples de couples criminels dans lesquels, bien que l'idée partît de l'un d'entre eux, et qu'il eût dirigé l'exécution du crime, l'autre n'avait pas dû faire un grand effort, ni supprimer son *moi* pour s'y associer; ses tendances au contraire s'étaient peu à peu fondues spontanément avec celles de l'autre. (1)

Depuis Villert, le capitaine de brigands qui poussait Lemaire au meurtre et qui, pour en arriver à ses fins, n'avait qu'à se moquer de lui lorsqu'il hésitait quelque peu; — depuis Gabrielle Fenayrou qui cède presque de suite à son mari et lui sacrifie son amant, sans éprouver après le crime ni un remords, ni un moment de repentir; — depuis Jean Faure qui se laisse entraîner par sa femme

---

(1) Dans la comparaison entre le couple sain et le couple criminel, nous avons choisi comme exemple du premier le couple de deux amants, bien que le phénomène de la suggestion à deux se présente aussi, comme nous l'avons dit plus haut (au chapitre I), dans les couples de frère et sœur, de maître et élève, de deux amis, de deux artistes. La raison de ce choix se trouve en ce que le couple d'amants présente d'une façon plus apparente et plus prononcée les caractères qui appartiennent également, bien que dans une forme plus atténuée, aux autres couples. Dans les couples criminels aussi, le lien psychologique est toujours plus fort entre deux amants qu'entre deux parents ou deux amis, et le lecteur aura remarqué que, sauf quelques exceptions, dans les couples d'amants assassins ou infanticides, l'influence du caractère énergique *(incube)* sur le caractère faible *(succube)* est toujours plus forte que dans les autres couples, non pas parce que le *succube* soit plus suggestionnable et l'*incube* plus impérieux, (ce qui peut varier dans chaque cas), mais uniquement parce que l'amour sexuel qui les attache l'un à l'autre est l'arme la plus forte de persuasion et de suggestion.

au fratricide, et auquel il suffit d'un verre de vin pour trouver le courage d'exécuter le crime ; — depuis tous ces malfaiteurs vulgaires et d'autres encore, jusqu'à Garnier qui résiste pendant des mois aux demandes pressantes de la femme Aveline, et qui après avoir commis le crime se repent et en demande pardon ; jusqu'à Louise Feucher qui meurt après son crime, tellement il répugnait à tout son organisme ; et jusqu'à cette femme qui après avoir cédé à la volonté de son amant et lui avoir promis de tuer son mari n'eut pas la force morale et physique de l'empoisonner et s'évanouit en avouant tout ; nous voyons défiler devant nous des *couples criminels* qui, bien qu'arrivant à un seul et même résultat et ayant leur raison d'être dans le phénomène de la suggestion, arrivaient pourtant à ce résultat de façons différentes et présentaient toujours ce phénomène à des degrés différents d'intensité.

Tandis que pour les uns, l'influence exercée sur eux par les paroles et les incitations d'un autre n'étaient qu'un guide, qu'une direction donnée à des dispositions pour le crime qui préexistaient déjà fortement prononcées, pour les autres cette même influence venait pervertir leur honnêteté, honnêteté faible sans doute, mais qui serait restée telle sans arriver jamais à elle seule à une action criminelle.

Notre travail est donc déjà de quelque utilité, il sert, tout au moins, à prouver que dans la nature il n'existe pas de différences nettement tranchées entre le criminel-né, le criminel d'occasion et le criminel passionnel, mais que toutes ces catégories se tiennent entre elles, à travers une graduelle évolution de types, car la plus légère nuance de sentiment, la plus petite différence de caractère se trouve représentée par un individu qui en est la vivante personnification.

« Il en est de la délictuosité, dit Tarde (1) fort justement, comme des diathèses et des névroses, ces Protées pathologiques dont les transformations sont infinies ».

II

Il existe pourtant, tout en tenant compte des différences propres à chaque individu, quelques caractères psychologiques communs à tous ces délinquants qui dans les couples criminels jouent le rôle de *succube*, et que j'appellerai du nom de *criminaloïdes* car, selon moi, c'est à eux mieux qu'à personne que peut s'appliquer l'heureux néologisme de César Lombroso.

Et c'est de ces caractères spéciaux que nous allons brièvement parler tout à l'heure, en examinant la conduite de ces criminaloïdes avant et après le crime.

Henri Ferri dans l'*Omicidio* remarquait que chez les

(1) *Philosophie pénale*, première édition, page 223, (Lyon, Storck)
(2) Henri Ferri · L'*Omicidio*, vol. I, sous presse.

individus normaux « toute la force de répulsion du
meurtre se trouve, d'un côté, dans l'intime répugnance
de notre conscience morale et même de la sensibilité physique, et de l'autre, dans la prévision et dans la crainte
des conséquences que ce crime pourrait avoir pour nous,
soit à cause du remords d'avoir tué un homme ou encore
à cause des sanctions représentées par les croyances religieuses et faites valoir par les lois et par l'opinion publique », et il arrivait à une conclusion logique en disant
que « l'état psychique qui rend possible la perpétration
d'un crime ne sera que *l'absence de cette répugnance
morale et de cette crainte des effets qui en dérivent* ».

Or, une telle affirmation catégorique et absolue, qui
reproduit exactement l'état psychique du criminel-né, ne
vaut plus rien dans les cas que nous avons examinés. De
ces deux conditions, nécessaires selon Ferri à l'exécution
d'un crime, — l'absence de la répugnance morale à le
commettre et l'absence de la crainte des effets de ce crime
— nous ne trouvons pas la première chez ceux qui tuent
sous la pression et l'influence d'un autre (1).

Ils possèdent même, non pas certes d'une façon aussi
tenace que les honnêtes gens, mais certes à un degré
quelconque cette *répugnance morale* pour le crime et

_____

(1) Parfois on ne retrouve même pas la seconde. La crainte des conséquences du crime est très fréquente chez les succubes et nous en avons
vu plusieurs exemples. (V. à page 93 le cas de la fille Lavoitte et d'Albert,
son amant) Nous nous en tiendrons ici à mettre en lumière l'existence de
la répugnance morale au crime, comme étant le caractère psychologique
le plus important.

elle se révèle dans deux symptômes qui en forment la plus claire expression.

Le premier symptôme, c'est *le temps nécessaire à les habituer à l'idée criminelle*. Si la répugnance morale au meurtre faisait totalement et réellement défaut, on accepterait de suite le crime à peine proposé, et c'est du reste ce qui arrive à tous les criminels-nés qui n'éprouvent aucune répugnance pour de semblables actions, et arrivent même à les considérer comme la chose la plus simple et la plus naturelle.

« Pour moi, tuer un homme, c'est comme avaler un verre d'eau », disait Lacenaire. « Couper la caboche à un homme, qu'est-ce que cela ? disait l'assassin Prévost, c'est du chocolat, c'est du velours ! »

Mais au contraire, lorsque l'action qui est conseillée heurte contre la moyenne de nos sentiments, ou nous la repoussons de suite dédaigneusement, — et c'est le cas de l'homme honnête, — ou pour nous y habituer et pouvoir l'accepter un certain temps est nécessaire. C'est ainsi que nous avons vu, entre autres, Porcher et Meille résister longuement, l'un à son ami, l'autre à sa mère, avant que de commettre le meurtre ou le parricide, et de même Marie Nobila et Garnier subir lentement le charme de l'être aimé avant que de consentir à ses ténébreux desseins.

Le second symptôme qui prouve que la répugnance au crime ne fait pas entièrement défaut, c'est l'*incertitude*

dans l'exécution, après s'y être décidé — comme Porcher qui, tandis qu'il se rendait sur le théâtre du crime
après avoir cédé aux pressantes insistances de Hardouin,
est pris de remords et revient sur ses pas, n'essayant plus,
pour ce jour-là, de commettre le meurtre : — comme
Jeanne Daniloff, qui plus d'une fois saisit le flacon de
cyanure pour verser ce poison à son mari, et le cache
ensuite épouvantée à la seule idée du crime qu'elle allait
commettre ; — et comme Garnier, qui après avoir visé
sa victime, laisse tomber son fusil et prend la fuite (1).

Ce second symptôme diffère du premier en ce qu'il est,
pour ainsi dire, un tardif démenti physiologique que l'organisme donne à qui se crut capable de commettre une
mauvaise action, la pensa et la voulut, — tandis que
l'autre n'est que la répugnance que, dès le premier moment
et à la seule pensée d'un crime, l'honnête homme ressent
très fortement, et qui est moins intense chez les individus
plus faibles. Une idée criminelle, nous l'avons déjà dit,
peut traverser l'esprit même d'un honnête homme, elle
peut même se fixer dans la volonté du délinquant d'occasion,
mais le premier toujours, le second souvent éprouveront
une force invincible de répulsion au moment de l'exécution, car il est bien différent de penser à vouloir faire et

(1) Ces deux symptômes se trouvent toujours chez ceux qui, contre leur
volonté, sont forcés de commettre un crime sous la suggestion hypnotique
(*crime de laboratoire*). Ce qui vient à prouver une fois encore que la suggestion à l'état de veille et la suggestion hypnotique ne sont que des
formes diverses d'un phénomène identique. Voir à ce sujet amplement
mon livre la *Foule criminelle*, chap. III, page 141 et suivantes.

de faire réellement. Ceci vient à prouver — j'en fais la remarque en passant — qu'il existe dans chaque homme une impossibilité absolue à accomplir certaines actions, d'où l'on déduit que le libre arbitre n'existe pas.

Après le crime (pendant lequel font défaut les expressions verbales cyniques et les sévices, qui forment un indice du véritable criminel-né ou fou moral) ceux qui ont agi sous l'impulsion d'autrui ne restent pas indifférents et impassibles ; ils comprennent toute l'horreur de leur méfait, on dirait presque qu'ils sortent d'un rêve et qu'ils embrassent seulement alors l'étendue de leur faute. Une sorte de réaction a donc lieu, réaction d'autant plus forte que l'ascendant qui avait été pris sur eux pour les entraîner au crime a été plus intense : Marie Noblia, par exemple, est prise, à la vue du corps de sa victime, d'un tremblement nerveux, et elle s'enfuit à travers le village en criant comme une folle, et Martin Gironde passe toute la nuit en pleurs, agenouillé auprès de son père tué de sa main (1).

Lorsque la réaction psychologique n'arrive pas à un tel point, nous trouvons pourtant une manière d'agir entièrement différente de celle du criminel-né : un remords vrai ayant tout les caractères qui le distinguent du simple chagrin ou du pseudo-remords, — ou, tout au moins, l'aveu spontané et immédiat sans chercher à atténuer la part prise au crime (Meille, Albert, le fils Enjalbert, Gaudry, etc.).

(1) La note précédente peut également s'appliquer à ce symptôme.

III

Il est évident que ces considérations, qui résument sommairement les notes psychologiques de la forme d'association que nous avons étudiée, ne nous donnent pas les éléments suffisants pour en déduire ici des règles juridiques exactes et précises. Elles ne pourront donner qu'une idée générale sur le mode et la mesure de la répression dans des cas analogues à ceux examinés jusqu'ici.

Il faut avant tout tenir compte du motif qui a poussé le criminel à agir, sa conduite pendant le crime est secondaire ; et il est clair qu'il y a une grande différence entre qui comme Faure, Meille, etc., tue par cupidité, — qui, comme Garnier, tue à cause d'une passion devenue maîtresse de tous ses sens — et qui tue sous le coup d'une terreur légitime comme Gironde et les femmes Boges, Ferlin et Lemaire.

Tout en réservant pourtant à chaque cas spécial l'examen des motifs qui ont poussé le couple au crime, ainsi que l'examen de la part que chacun y a pris, nous croyons pouvoir *à priori* exposer une règle générale de répression qui puisse indistinctement s'appliquer à tous ces crimes. Le seul fait que le crime a été commis par deux personnes et non par une seule doit, à notre avis, constituer *toujours* une circonstance aggravante.

C'est une observation intuitive — et qu'il serait inutile de faire, si elle n'avait pas été jusqu'ici négligée par tous les criminalistes — que de dire que le crime auquel prennent part deux ou plusieurs personnes est plus dangereux que le crime pensé et exécuté par une seule. L'union fait la force pour le bien comme pour le mal : et il faut logiquement opposer à cette force criminelle une plus forte réaction.

Or, personne (et je l'affirme catégoriquement, en portant d'avance les résultats d'une étude sur les théories classiques que je développerai prochainement ailleurs personne, dis-je, parmi les écrivains de droit pénal, n'a jamais fait la moindre allusion à l'idée que la complicité — lorsqu'elle n'arrive pas aux formes aigues et extrêmes des associations de malfaiteurs — doive constituer une circonstance aggravante et encourir, par conséquent, une augmentation de peine.

Un illustre juriste italien, Henri Pessina (1), avec une ingénuité assez étrange, arrive même à dire que *se un delitto fu commesso da più persone, la pena comminata per quel delitto non va divisa fra i vari partecipi,* — si un crime a été commis par plusieurs personnes, la peine infligée pour ce crime ne doit pas se partager

---

(1) E. Pessina, *Elementi di diritto penale,* vol. II, page 247.

entre ceux qui y participèrent »; et un autre juriste
M. Impallomeni (1) répète que *la penalità non si
divide fra i condelinquenti*, comme s'il était seulement
possible de penser que si un crime — puni par exemple
de 15 ans de travaux forcés — a été commis par trois
individus, chacun d'eux devra subir une peine de 5 ans !

La seule déclaration que tous les criminalistes éprouvent le besoin de faire à propos du concours de plusieurs
personnes à un crime c'est que « chacun répond uniquement de ses actions ». Mais ils n'ont pas vu que la première et la plus importante action, propre de tous ceux
qui ont participé à l'association, c'est..... l'association elle-même (2).

Il est suffisant, à leur avis, de peser à l'aide d'une
balance d'orfèvre, la part de concours apportée au crime
par chaque délinquant et de le punir, *seulement* pour
cette part, d'une peine convenable. Le Code, de telle sorte
n'était plus, comme dit finement l'avocat Porto (3) qu'un
grand livre dans lequel pour chacun des individus ayant

---

(1) G.-B. Impallomeni, *Il Codice penale italiano illustrato*, vol. II,
page 209.

(2) Seulement Nicolini (*Questioni di diritto*, Livorno 1853) fait une
allusion pratique à notre théorie en affirmant que le meurtre, lorsqu'il
est commis par plusieurs personnes, doit être puni du maximum de la
peine.

Sur les théories de la complicité que je n'ai indiqué ici qu'en passant
voir Ferri : *Sociologia criminale* ; Torino, Bocca 1892 page 577, et mes
deux articles : *La complicità* (Arch. di psi. 1890, XI, 262) et *La complicità nei reati colposi* (Scuola positiva, 1892 fas XII), dans lesquels j'ai
commencé à developper l'idée que mon maître a été le premier à avancer.

(3) Vito Porto : *Note di cronaca*, dans les *Appunti al nuovo Codice*
Torino Bocca 1889 2. édition.

tribué à la confection d'une étoffe, on marquait à la partie *Doit* les mètres d'étoffe confectionnés et à la partie *Avoir* les années de réclusion proportionnées à la longueur.

C'est là, selon nous, une façon par trop mécanique et commerciale, de considérer le phénomène de la complicité.

Deux individus qui s'unissent pour commettre un crime, ne donnent ni psychologiquement ni socialement une résultante équivalant à leur *simple somme*.

Les simples *mélanges* c'est à dire *rapprochements* inorganiques de deux ou plusieurs corps, n'existent pas en psychologie et en sociologie, où l'on ne trouve que des *combinaisons*.

L'action résultante du concours de deux personnes ne sera donc jamais une addition mais un *produit*.

Comme la force de deux chevaux réunis — et je demande pardon de cette comparaison vulgaire qui sert pourtant à exprimer assez clairement ma pensée — est toujours plus grande que la simple somme de la force de l'un et de l'autre, — comme la valeur commerciale d'une paire de chevaux est toujours plus grande que la somme des prix de chaque cheval séparément, — de même le danger et l'importance sociale d'un couple criminel sont toujours plus grands que la somme des énergies de chacun de ces deux délinquants.

Une société de deux personnes (1) possède des élé-

---

(1) Et à plus forte raison, une société d'un grand nombre de personnes.

ments qui ne se retrouvent pas chez ceux qui la composent pris séparément, et qui naissent et apparaissent — véritables étincelles psychologiques — seulement lorsque les deux individus en se réunissant, donnent vie à la société.

Or en admettant que cette société ait un but coupable, n'est-il-pas logique que le Code considère avant tout ces nouveaux éléments qu'elle présente en elle-même et fasse une circonstance aggravante du concours prêté par plusieurs personnes à un crime. ?

Il me semble impossible de ne pas répondre affirmativement à cette question, car la gravité du crime commis par deux personnes est sans nul doute plus grande que la gravité du crime commis par une seule personne.

Plus grande gravité objective — car la défense de la victime qui se trouve en face de deux ennemis, est moindre et l'exécution du crime devient par conséquent plus aisée — plus grande gravité subjective, car, en général, les criminels associés sont plus pervertis que les criminels solitaires. S'il y a des malfaiteurs solitaires — dit Joly — c'est parmi les criminels d'accident qu'on doit surtout les rencontrer. L'idée d'accident exclut l'idée de prémétation et par conséquent l'idée d'une entente mutuelle. (1)

Le criminel-né et le criminel d'habitude entrent en société parce qu'ils vivent dans un milieu malsain où ils

---

(1) H Joly · *Le crime*, chap V page 129.

trouvent parmi leurs camarades des complices faciles et spontanés, ne reculant devant aucun crime ; le criminel d'accident ou par passion, bien au contraire, qui ne connaît pas encore le monde criminel et qui tout en commettant un crime éprouve de la honte et comprend l'étendue du mal qu'il a fait, trouve difficilement des complices et, du reste, il en cherche rarement.

En effet s'il existe des criminels d'accident associés, — comme tous les *succubes* dans les couples criminels, — ils ne représentent pas le vrai type extrême du criminel fortuit auquel le milieu *impose* presque le crime; mais bien le type du faible à qui l'occasion — cette pierre de touche de la résistance morale (1), — n'a fait qu'offrir le moyen de révéler sa nature.

On peut en dire autant des crimes passionnels commis par deux personnes, dont les couples d'amants assassins nous donnent un exemple. On peut voir après une profonde observation que, dans ces cas, ce n'est presque jamais une noble passion qui dirige le bras homicide, mais une passion qui ne sert qu'à donner une ombre de sentimentalisme à l'égoïsme de deux coupables ou une apparence d'excuse au tempérament de deux dégénérés. Si je vole véritablement poussé par le besoin, ou si je tue véritablement poussé par la passion, je n'ai ni le temps, ni les moyens, ni le désir d'associer à mon crime une autre personne. Ce serait absurde, psychologiquement,

(1) Feré : *Dégénérescence et criminalité.* Paris Alcan, 1888.

que de donner un complice à Othello ou à Jean Valjean, les types consacrés du criminel fortuit et sympathique.

Il est donc pour nous hors de doute que le seul fait de s'être mis à deux pour commettre un crime, doit, indépendamment de toute autre raison, constituer pour les coupables une circonstance aggravante (1).

Telle est la seule conséquence juridique que je crois pouvoir tirer de l'étude des couples criminels. « La loi serait tyrannique ou incomplète si elle descendait au détail » dit Rossi (2), et il serait à plus forte raison illogique et injuste de vouloir descendre à de grands détails pour qui écrit en se basant non pas sur un seul fait, mais sur un ensemble de faits.

Pourtant, avant que de terminer ce résumé, il nous plaît de rapporter ici une modeste observation à propos du type du *succube*, qui, dans le couple criminel, est le plus intéressant.

Cet individu qui commet un crime entraîné par une suggestion plus ou moins forte, est, sans nul doute,

---

(1) Il serait absurde, pour nous qui repoussons tout absolutisme, de dire qu'il ne peut et ne doit y avoir d'exceptions à cette règle. Nous disions déjà plus haut, au chapitre III, page 97 au sujet d'un cas de *couple infanticide* que le *succube* (Victorine Lemaire) méritait d'être acquittée. On voit par là que pour le *succube* le seul fait d'être deux, pouvant être une justification, peut d'autant plus devenir une excuse. — Nous n'avons donc énoncé le principe que pour la majorité des cas, et nous croyons l'avoir soutenu par de bons arguments.

(2) P. Rossi : *Traité de droit pénal.* Œuvres complètes, 3ᵉ éd.. tome II, page 216.

moins coupable que son compagnon, qui l'a lentement
corrompu. Mais en est-il pour cela moins redoutable?

Si je ne me trompe, l'idée de *redoutabilité*, si justement considérée par l'école positiviste comme la première
et la plus importante pour mesurer la réaction que la
société doit infliger au coupable, a été jusqu'ici identifiée
avec l'idée de *perversité* (1).

— Un homme est d'autant plus dangereux qu'il est
pervers. Telle est l'affirmation qui jaillit des théories
de M Garofalo. Affirmation de la plus grande évidence,
que nous ne voulons pas contredire (ce qui, du reste, à
notre avis, serait impossible) mais qui doit être complétée
par cette autre : un homme est d'autant plus dangereux
qu'il est faible.

(1) Selon moi, avoir identifié l'idée de *redoutabilité* avec celle de *perversité* n'est que le résultat d'un reste des vieilles idées inconsciemment
conservées même dans la théorie positiviste. Les classiques et les métaphy-
siques punissent l'homme en ce qu'il est *méchant* : les positivistes, tout
en niant le libre arbitre et prenant comme base de la punibilité d'un
individu le *danger* qu'il présente, n'ont pu se dépouiller entièrement de
cette idée de méchanceté qui bien souvent, même pour eux, détermine à
elle seule et à part tout autre considération de *redoutabilité*, la mesure
de la réaction. En effet, pour un fou criminel (et je parle, bien entendu
non pas du fou moral mais de celui qui est frappé de folie intellectuelle),
aucun positiviste n'a eu le courage de proposer la peine de mort, que
quelques-uns pourtant proposent pour les criminels-nés. Pourquoi ?
Evidemment parce que, bien que l'on reconnaisse chez le fou une *redoutabilité* égale et même plus grande que celle du criminel-né, on ne
reconnaît pas également une *perversité* voulue. En somme, même les positivistes, bien qu'ils aient substitué le mot *défense* au mot *peine*, ne
peuvent se débarrasser du sentiment, qui veut que l'on réserve le suprême
châtiment à l'homme *moralement méprisable* plutôt qu'à l'homme *dangereux*. Or, expliquons-nous bien, j'avoue être le premier coupable de cette
contradiction, car il faudrait être fou pour soutenir qu'il faut infliger aux
fous le suprême châtiment, mais je la reconnais cette contradiction, et
j'affirme qu'on doit la vaincre dans certain cas, en se défendant énergi-
quement même contre l'individu qui est *dangereux* sans être très pervers.

On peut, en effet, être dangereux de deux façons, ou, pour mieux dire, pour deux raisons, l'une positive, l'autre négative : parce que l'on est de nature prédisposé à faire *spontanément* le mal, et parce que l'on est de nature prédisposé a faire *par suggestion* le mal.

On a jusqu'ici mis en pleine lumière la redoutabilité du criminel actif et énergique, sans s'occuper beaucoup de celle du criminel faible et suggestionnable.

Or, même en n'observant que les criminels actifs sont fort rares, tandis qu'au contraire le gros de l'armée du crime est formé de faibles, on ne peut toutefois nier que dans notre milieu social les occasions et les suggestions au mal sont si nombreuses et si fortes que les probabilités qu'un faible y cède deviennent presque des certitudes, et par conséquent, dans un grand nombre de cas, l'être faible et suggestionnable est équivalent, au point de vue du danger, à l'être spontanément pervers.

En abandonnant le terrain criminel pour considérer à un point de vue plus vaste la société toute entière, il nous faut même reconnaître qu'un caractère énergique, bien que plein de défauts, peut être plus utile (il m'est quant à moi toujours plus sympathique) qu'un caractère faible bien que plein de bonnes qualités. Stuart-Mill a, à ce sujet, une page de toute beauté : « Ce n'est pas à cause de l'ardeur de leurs désirs que les hommes tombent dans le mal, mais bien de la faiblesse de leur conscience. Il n'existe même pas un rapport naturel entre un caractère passionné et une conscience faible : le lien naturel en est justement le contraire. Si une personne fait voir des désirs et des sentiments plus vifs qu'une autre, cela signifie simplement qu'elle a une plus grande dose de matière brute dans la nature humaine, et il est, par conséquent, à présumer qu'elle pourra faire plus de mal peut-être, mais aussi plus de bien qu'une autre. Les impulsions vigoureuses ne sont au fond que de l'énergie sous un autre nom, et l'énergie peut, à la vérité, être dirigée vers un but coupable, mais une nature énergique peut aussi, sans nul doute, faire plus de bien qu'une nature bornée et apathique. Ceux qui ont des sentiments naturels plus vifs cultivent avec la même vivacité les sentiments acquis par l'éducation, et cette même sensibilité délicate qui rend impérieux les appetits personnels est aussi la source d'où découlent l'amour passionné de la vertu et le pouvoir de commander à soi-même. » (1)

Sur le terrain criminel, ces faibles, ces névrasténiques moraux, comme les appellerait Benedikt, sont moins antipathiques que le véritable criminel-né, qui, lui, est dépourvu de tout instinct de pitié et de probité, et cela parce que ces faibles peuvent toujours dire : « j'ai commis un crime, parce que j'y ai été poussé par un autre. »

Mais, si c'est là une excuse qui pourra beaucoup servir à qui veut punir la *culpabilité subjective,* elle aura, selon moi, une mince valeur pour le positiviste, qui, laissant de

(1) Stuart Mill. *La Liberté.*

côté toute idée de faute ou de mérite, punit, c'est-à-dire se défend d'un danger, et sait bien qu'un suggestionnable trouvera demain, comme il l'a fait aujourd'hui, l'occasion ou la personne qui le pousseront de nouveau au crime.

Le monde, malheureusement, peut vraiment se définir, comme l'ont fait les théologues, de deux seuls mots : *corrumpere* et *corrumpi*, et celui qui peut facilement se laisser corrompre ne pourra pas, au point de vue utilitaire, être traité très différemment de celui qui l'a corrompu.

———

CHAPITRE V

—

Les couples dégénérés

———

L'étude de la *psychologie à deux* que nous avons entreprise dans les chapitres précédents ne serait pas complète, si, après avoir parlé du couple sain, du couple suicide, du couple fou et du couple criminel, nous ne parlions aussi des couples dégénérés.

La suggestion d'amant à amant, à laquelle nous avons consacré plusieurs pages et qui est la plus forte et la plus intense de toutes, ne se manifeste pas uniquement dans les amours honnêtes et tranquilles, et lorsqu'elle atteint un degré pathologique et qu'elle exerce son influence sur des individus anormaux, elle ne se borne pas aux formes du double suicide et du crime à deux.

Il y a d'autres couples d'amants qui forment le dernier degré de l'immoralité et de l'abjection et qui, d'une façon

encore plus nette que les autres, font voir le rapport de
dépendance entre l'*incube* et le *succube*, dérivé du charme
exercé par l'un des amants sur l'autre.

Le couple formé par la fille et son souteneur, le couple
tribade, le couple cinède présentent, dans une exagération pathologique, tous les caractères des couples d'amants
normaux.

Les malheureux qui s'abandonnent à des amours
infâmes ou contre nature, et qui, comme dit un poète

> ont laissé la débauche
> Planter son premier clou sous leur mamelle gauche,

apportent aussi dans leur repoussante passion les tendances psychologiques propres de qui aime honnêtement
et normalement.

Nous verrons plus loin, dans l'humiliante servilité de
la fille pour son souteneur, et dans le brutal despotisme
de celui-ci, se refléchir, comme dans un miroir donnant
d'horribles déformations, le pur sentiment de l'honnête
femme pour l'homme qui en a fait sa compagne et la touchante protection qu'il lui donne en échange, — et nous
retrouverons dans les rapports obscènes entre une tribade
et son amasie ou entre un cinède et son complice, la dernière
forme de dépravation à laquelle il est possible d'arriver,
l'amitié de l'esprit entre deux hommes ou entre deux
femmes, confondue avec l'instinct antiphysique.

G. Tarde a dit que les crimes sont comme l'ombre

projetée par la société, et bien qu'il soit téméraire de juger un corps d'après son ombre, les variations de cette dernière renferment toujours une utile leçon.

Je dis à mon tour que ces honteux couples de dégénérés dont l'immoralité frôle les barrières du crime, lorsqu'elle ne les dépasse pas, sont comme l'ombre projetée dans le champ de la pathologie par la noble passion d'amour, et qu'il est peut-être utile et intéressant de voir le profil de cette ombre pour se rendre exactement compte du corps qui l'a donnée.

I. — FILLE ET SOUTENEUR

Les absolutistes de la psychologie, — il y en a encore, — ceux qui voient dans l'homme un animal logique, un type toujours égal à lui-même, ou entièrement bon, ou entièrement mauvais, et qui ne savent pas que le sentiment n'est que la quintessence de l'illogisme, doivent se trouver fort embarrassés en présence de la figure de la prostituée, de cette femme, qui, tout en ayant touché le fond de l'ignominie conserve pourtant dans l'âme des trésors de tendresse cachés, et s'élève parfois jusqu'aux régions les plus élevées de l'altruisme.

« L'humanité de la courtisane — disait Balzac —

comporte des magnificences qui en remontrent aux anges ».

En effet, quelques sentiments parmi les plus nobles, celui de la maternité par exemple, arrivent parfois chez la prostituée à des délicatesses vraiment sublimes.

La naissance d'un fils qui lui aurait fait perdre l'honneur quelques années auparavent, semble maintenant sinon le lui rendre, du moins en atténuer la perte. (1)

« Une fille publique me disait en pleurant — raconte Parent-Duchatelet (2) — que la dignité de mère la relèverait à ses yeux de l'abjection dans laquelle elle était tombée » .

Quelques prostituées — écrit Carlier — manifestent une joie véritable lorsqu'elles constatent sur elles-mêmes les premiers symptômes d'une grossesse qu'elles n'ont pas cherchée mais qu'elles acceptent avec un vif plaisir. Elles prennent alors toutes les précautions imaginables pour que cette grossesse ait une heureuse solution. Elles renoncent, pendant les derniers temps, à se prostituer, se résignant à une misère noire pour éviter les dangers d'une fausse-couche, et une fois devenues mères, elles prodiguent à leurs enfants les soins les plus tendres. (3)

Lorsqu'une infraction au règlement les mène en prison

(1) V. Joly : *Le Crime*, p. 273.

(2) Parent-Duchatelet · *De la prostitution dans la ville de Paris.* Bruxelles, 1837, 2ᵉ éd. p. 92.

(3) Carlier : *Les deux prostitutions.* Paris, Dentu, 1887 p. 59.

et qu'elles se trouvent par hasard à côté d'une infanticide, elles manifestent un mépris féroce pour celle qui a brutalement foulé aux pieds la loi naturelle de la tendresse de mère. (1)

« Une fille ayant perdu un enfant d'un mois, faillit devenir folle de chagrin; elle ne se consola que lorsqu'on lui eut donné un enfant-trouvé. Une autre, qui demeurait en chambre, et s'était fait mettre à la Force pour une dispute assez grave, ne put emmener son enfant avec elle, il fallut qu'elle le plaçât. Le chagrin qu'elle en éprouva fut tel, qu'elle dépérissait de jour en jour, et qu'on fut obligé pour lui sauver la vie, de demander au préfet sa sortie, bien avant l'expiration du temps que devait durer sa détention. (2)

Etrange contradiction! Les femmes qui, par leur triste métier réduisent l'acte génératif à une source de gain pure et simple, et qui, par la fréquence du coït viennent à éliminer presque entièrement la possibilité qu'il atteigne son véritable but, en donnant la vie à un nouvel être, si

(1) Carlier : *Les deux prostitutions*. Paris, Dentu, 1889 p. 59

(2) Parent-Duchatelet, ouv. cit. chap. II. § 11 — Je cite encore le passage suivant de Parent Duchatelet pour prouver jusqu'à quel point le sentiment de la maternité se trouve développé non pas seulement chez quelques prostituées, mais chez toutes : « Une observation constante et qui jusqu'ici n'a été démentie par aucun fait, c'est qu'une fille grosse devient à l'instant l'objet des prévenances et des attentions de toutes ses camarades, mais c'est surtout pendant et après l'accouchement que ces attentions et ces gages d'intérêt redoublent et se multiplient . c'est à qui lavera le linge de l'enfant; c'est à qui soignera la mère, c'est à qui s'empressera de lui prodiguer tout ce dont elles peuvent se passer elles mêmes. L'enfant s'éveille t-il, il ne manque pas de berceuses, on se l'arrache; toutes veulent l'avoir, c'est au point que la mère n'en est plus maîtresse ».

par hasard, elles restent enceintes, éprouvent pour leur enfant une tendresse plus intense que celle généralement éprouvée par une honnête femme pour le fruit de ses légitimes amours!

Et, contradiction plus étrange encore, ces femmes qui se vendent ou, pour mieux dire, qui se louent à tout le monde et dont le cœur, comme le corps, devrait être indifférent à toute passion, ont, au contraire, le plus grand et le plus exclusif attachement pour l'un de leurs amants!

L'on peut dire avec certitude que toute prostituée, soit qu'elle habite une maison de tolérance ou qu'elle vive en chambre, a son amant de cœur, un compagnon immonde qui profite de l'état d'abrutissement où elle est tombée pour vivre à ses dépens.

Il serait difficile de concevoir, si les faits n'étaient pas là pour le prouver, jusqu'où arrive le despotisme du souteneur sur sa *marmite*, et le dévouement exagéré, je pourrais dire furieux, qu'elle a pour lui. Non seulement elle habille et elle entretient son amant avec les ressources que lui procure son infâme métier, mais elle subit encore avec résignation les outrages et les brutalités de toute sorte qui lui viennent de lui.

« J'en ai vu venir à l'hôpital, dit Parent-Duchatelet, les yeux hors de la tête, la figure ensanglantée et le corps meurtri des coups que leurs amants, en état d'ivresse, leur avaient portés; mais à peine guéries, elles retournaient avec eux.

« L'une d'elles, voyant *son homme* rentrer dans Paris dans un état complet d'ivresse, le suivait de loin pour le surveiller; l'ayant vu tomber dans un fossé, elle courut chercher du secours, aida à le relever, mais elle se constitua à l'instant prisonnière au poste voisin, pour se soustraire à sa fureur; le lendemain elle alla le chercher au dépôt de la préfecture où elle sut qu'il avait été transporté.

« Une autre, voulant arrêter son amant qui, le marteau à la main, brisait sa glace, ses meubles et tout ce qu'elle avait, augmenta tellement la rage de ce furieux, que, poursuivie elle-même, elle ne put échapper à une mort certaine qu'en se précipitant par la fenêtre d'un troisième étage; guérie de quelques contusions résultant de cette chute, elle retourna avec le même homme qui, six mois plus tard, dans un cabaret des barrières, la mit dans la nécessité de se sauver encore par une fenêtre; cette fois elle se cassa le bras, mais elle n'en resta que plus attachée à l'homme qui lui témoignait son amitié d'une si singulière façon (1) ».

(1) Parent-Duchatelet, ouvr. cit. chap. II, § 12, p. 96 et suiv. L'on peut trouver des faits de ce genre dans tous les ouvrages ayant rapport à ce sujet. En 1760, Rétif de la Bretonne dans son *Pornographe* et, en 1789, Peuchet, dans l'*Encyclopédie* donnaient sur la vie des souteneurs et des filles publiques des détails semblables à ceux que Parent-Duchatelet racontait plus tard. Récemment, Paul Core : *Les populations dangereuses* (chap. XXV); Martineau *La prostitution clandestine* (Paris. 1885); Yves Guyot : *La police*; Lecour *La prostitution à Paris et à Londres* (3ᵉ éd. Asselin, 1887); Canler dans ses *Mémoires*, Macé : *Un joli monde;* Carlier et Joly, dans les ouvrages déjà cités, n'ont fait que confirmer par de nouveaux documents les observations que nous avons eu l'occasion de faire plus haut.

Macé raconte une anecdote encore plus caractéristique que les précédentes :

Un souteneur vivant avec la fille soumise « la Petite Coine », avait adopté la ligne de conduite suivante : le matin, il quittait sa maîtresse après avoir rempli d'eau une fontaine de grande dimension. Il passait sa journée à s'amuser avec la recette de la veille, et le soir, à minuit, il rentrait au domicide pseudo-conjugal. Son premier soin était de visiter la fontaine; si elle était vide ou à peu près, il était certain que *sa marmite avait bien travaillé,* et il l'embrassait alors en la câlinant et lui donnant les noms les plus doux. Mais si par malheur, il trouvait trop d'eau dans la fontaine, il se jetait sur elle, sans rien dire et la meurtrissait de coups de pied et de coups de poing. Un jour qu'il trouva la fontaine à peu près pleine, il maltraita tellement la malheureuse, que des voisins le firent arrêter, et il fut condamné à six mois de prison. Inutile d'ajouter que, pendant sa détention, sa maîtresse l'assistait de son mieux, et qu'à la suite de sa libération, ils se remirent ensemble et vécurent comme par le passé » (1).

Mais du reste la tendresse des filles pour le souteneur ne se manifeste pas seulement sous cette forme de servilisme résigné.

Les femmes perdues se transforment, l'on dirait même que la flamme de leur amour les purifie. La passion

(1) G. Macé . *Le service de la sûreté*; Paris, Charpentier, 1885, p. 171.

polit leur caractère et leurs manières qui, par leur naissance et leur éducation, devraient être grossières et tri-
viales. Les lettres qu'elles écrivent à leur amant de la prison
ou de l'hôpital n'ont jamais rien d'obscène, rien de sale :
ce sont de chaleureuses protestations d'amour comme
pourrait les écrire tout autre femme (1), c'est à peine
si elles contiennent parfois des reproches au souteneur,
qui ne se gêne pas pour oublier et remplacer sa maîtresse lorsque, enfermée à l'hôpital ou en prison, elle ne
peut plus lui donner de quoi vivre.

L'on dirait presque que les filles publiques veulent, elles
aussi, prouver la vérité de l'aphorisme des de Goncourt :
« les femmes portent dans l'amour une prosternation
passionnée », et de celui de Georges Sand : l'amour
« est un esclavage volontaire auquel la femme aspire
par nature.

Nous avons dans ces unions nées et cimentées dans
le vice, d'un côté une exagération admirable d'altruisme, et de l'autre une exagération d'égoïsme digne
du plus grand mépris. L'homme — par un retour,
pour ainsi dire, à des époques primitives — réduit la
femme en esclavage, se sert d'elle comme d'une bête de
somme, dissipe son gain, la bat, l'insulte si elle ne lui
rend pas assez, et elle, en revanche, lui obéit, le suit
comme un chien et répond aux mauvais traitements et

(1) C'est l'opinion de *Duchatelet* et de *Lecour* qui ont vu les lettres
adressées à leurs souteneurs par les filles internées à Saint Lazare.

aux injures par une tendresse dans laquelle on retrouve véritablement la stupide et inconsciente docilité de la brute.

Le mépris et les tourments qu'inflige le souteneur à la fille ne font même qu'en augmenter le dévoûment. Le phénomène est analogue, sauf, bien entendu, la forme et le degré d'intensité, à ce qui arrive généralement dans l'amour normal (voir plus haut au chap. III). Le beau duc de Buckingham qui sut se faire aimer de trois reines et d'Anne d'Autriche, disait qu'il était obligé de rudoyer ses maîtresses. Lauzun, l'amant de Louise de France, la célèbre Mademoiselle, petite-fille de Henri IV, la plus fière des princesses de son temps, prétendait qu'il fallait la battre pour lui faire plaisir. M. Mantegazza parle dans ses voyages des femmes de Bolivie qui se plaignent de leurs maris lorsqu'ils ne les battent pas. Et Ovide conseillait aux amants de se mettre quelquefois en colère contre leurs maîtresses et même de leur déchirer leurs vêtements.

Il en est de même dans l'amour mystique. Les saintes aimant le Christ ou les saints aimant la Sainte-Vierge augmentent leur amour par les souffrances que la divinité adorée leur inflige. (1)

« L'amour d'une femme, disait Paul de Kock, augmente

(1) Voir E. Rossi : *Psicopatia cristiana*, Rome 1892, et consulter à ce sujet Binet, *Le fétichisme dans l'amour*, dans la *Revue philosophique*, 1887 n 9.

avec les sacrifices qu'elle fait à son amant : plus elle
donne et plus elle s'attache. »

Mais, demandera-t-on, comment et pourquoi vient à
se former ce lien impur entre la fille publique et son
souteneur ?

Il n'est pas difficile, selon nous, de se rendre compte
de la cause du despotisme de l'un et de l'esclavage de
l'autre.

Pour un grand nombre d'hommes, écrit justement
Lecour, courbés dans la vie ordinaire sous le joug du
travail forcé, la tyrannie de l'alcôve est une revanche et
une volupté dont ils abusent bestialement. (1)

Habitués à obéir à leur patron s'ils sont ouvriers et
souffrant en même temps de cette obéissance, — humiliés,
s'ils mènent une vie de paresse et de vagabondage, par
leur misère et leur infériorité sociale, — les souteneurs de
toutes les classes (2) saisissent avec joie l'occasion d'être
les maîtres à leur tour et ils assouvissent sur la femme
perdue l'instinct de cruauté que tout homme possède à

(1) Ouvr. et page cit.

(2) Je parle ici, on le comprendra aisément, des souteneurs de bas étage
et non pas de ceux du grand monde élégant et aristocratique, qui tout
en étant semblables psychologiquement aux autres, ont une vie, des
mœurs et des habitudes absolument différentes à cause des heureuses
conditions sociales où ils se trouvent. — Macé qui, en 1881, lorsqu'il était
chef de la sûreté à Paris, fit une étude détaillée sur les souteneurs de la
capitale, les partage en six grandes classes : 1° *Souteneurs du grand
monde, de la bourgeoisie et du demi-monde;* 2° *Souteneurs ouvriers.*
3° *Souteneurs des maisons de tolérance;* 4° *Souteneurs mariés de bas
étage;* 5° *Souteneurs pédérastes,* 6° *Souteneurs rôdeurs de barrière*

l'état latent au fond du cœur. En présence de leur compagne ils se sentent supérieurs, fiers, tout puissants, et
ce pouvoir absolu produit dans leur âme dépravée une
espèce de griserie morale qui rend chez eux plus aigu
le désir de la tyrannie. (1)

De son côté la femme pour qui la luxure et le dérègle-
ment ne sont plus désormais qu'un métier, éprouve, bien
que plongée dans cet abîme, le besoin d'échapper à son
isolement moral, elle paye même de tout son argent cet
homme qui est son appui et son soutien, elle ose s'abandonner à lui sans retenue et sans honte, car il n'a pas le
droit de la mépriser et par conséquent elle ne se sent pas
humiliée envers lui. (2) « Au fond, écrit Lecour, à l'aide
de cette liaison immorale où elle apporte les épaves
de son cœur, la fille publique ne fait que substituer
aux brutalités et au despotisme possibles de tous la

(1) Je crois que cette observation psychologique qui explique le pouvoir
du souteneur sur la fille peut aussi donner la raison, en partie du moins,
des assassinats dont les courtisanes sont souvent victimes et qui n'ont
pas toujours le vol pour mobile. Lecour dit en parlant des filles : « Il y a
dans le fait de leur solitude qui les livre sans défense et dans leurs
caresses payées et dès lors humiliantes, une source de voluptés sinistres
que recherchent certains meurtriers ». Et en effet, de même que l'homme
honnête et normal se sachant seul avec une femme trouve, par le seul
fait de cet isolement et de se savoir le plus fort, une plus grande audace,
l'homme criminel ou dégénéré, s'il se trouve seul avec une fille, peut,
pour les mêmes raisons, sentir croître en lui avec le sentiment de la
luxure la soif du sang (qui du reste l'accompagne souvent) et être poussé
à l'assassinat. C'est très tentant que d'avoir une personne en son pouvoir,
de savoir que l'on peut en faire ce que l'on veut, si tentant même que
l'on peut en arriver au crime; et l'on résiste ou non à cette tentation
selon la différente force de la résistance morale.

(2) Voir à ce sujet Carlier . *Les deux prostitutions*, p. 59.

tyrannie certaine d'un seul. Jamais nègre sous le
fouet de son maître, jamais forçat sous l'autorité du
geôlier ne fut plus esclave qu'elle l'est de cet homme
dont elle paye pourtant la protection. Il se produit alors
entre ces deux êtres corrompus et misérables que rapprochent des nécessités abjectes, quelque chose qui a les
violences de la passion sans en avoir la tendresse. Ce sont
des tolérances impures et des jalousies dépravées. (1)

Je crois que jamais — comme dans ce couple dégénéré — le phénomène de la suggestion à deux n'a reçu
une confirmation aussi pleine et entière.

Il faut pourtant ajouter que la fille publique tire aussi
quelque utilité de son association avec le souteneur. Il
vit à ses dépens, mais il l'aide aussi à faire son métier et
il prend sa défense dans le péril. Il choisit pour sa *marmite* les quartiers et les rues où il est plus facile de *travailler*, et lui indique dans la foule les *gogos* qui ont
l'air de devoir céder à ses avances et de bien payer.
Il la surveille lorsqu'elle se promène dans les endroits où
il lui serait interdit de se montrer, et s'il voit arriver un
agent il l'avertit et la fait s'éloigner. Si elle se laisse
prendre, il fait un scandale et pendant que le monde
accourt il essaye de lui faire prendre la fuite (2). Si le

---

(1) Lecour : *La prostitution à Paris et à Londres*, déjà cit.
(2) L'un des moyens des plus drôles et les plus amusants qu'un souteneur mit un jour à profit pour tirer sa marmite des mains des agents
est raconté par Laurent. *(Les habitués des prisons de Paris)* : « Un jour
une fille fut surprise racolant à l'intérieur de la gare ; elle se débattit, cria,
fit du *pétard*. Invisible et présent, le souteneur en profita pour prendre

moyen ne réussit pas il se révolte contre les agents qui finissent très souvent par avoir le dessous.

En somme, tandis que la fille se vend pour lui, le souteneur se bat pour elle, démontrant de telle sorte, dans une paraphrase grotesque et obscène que la belle et noble phrase de Thulié « L'homme c'est la lutte, la femme, c'est l'amour » (1) peut aussi s'appliquer à la pathologie.

Il est tout naturel, du reste, que la fille comme le souteneur trouvent leur compte dans cette union, toute association — nous l'avons démontré dans le chapitre Ier — trouvant la cause de son origine dans l'utilité des membr s qui la composent, indépendamment de la forme et des raisons de sa formation.

Si la fille et son souteneur sont relativement honnêtes, leur société, dont il tient naturellement la caisse, n'a qu'un seul but et une seule ambition : arriver un jour à être propriétaire d'une maison de tolérance.

Si le souteneur est doublé d'un malfaiteur (ce qui arrive le plus souvent), le couple alors ne vit pas seulement de ce que la femme gagne avec son métier, mais encore de ce que l'homme tire de ses crimes.

deux billets pour Versailles, et, s'adressant ensuite aux agents, il leur cria : — C'est ma sœur que vous arrêtez au moment ou nous allons voir notre mère malade, voici les places et le train va partir ; vous êtes des misérables, des brigands. — Les voyageurs groupés, croyant à une méprise, donnèrent tort aux agents, qui furent obligés d'abandonner leur capture »

(1) Thulié, *La femme.* Essai de sociologie psychologique. — Paris, p 241

En pareil cas la fille est son complice. Recéleuse forcée
de vols nombreux, l'amour et la terreur que lui inspire
son amant la forcent au silence. Devenue parfois complice
de crimes plus graves, jamais elle n'oserait, même si elle
le voulait, ne pas obéir aux ordres impérieux du souteneur.

« La fille publique — dit un magistrat allemand qui a
étudié les bas-fonds de Berlin — est utilisée largement
par son *brautigam* (littéralement : *fiancé*, dans l'argot : *souteneur*), si celui-ci *travaille* ou a des
accointances sérieuses avec ceux qui travaillent. Les
brautigams voient un auxiliaire précieux dans cette
femme qui leur est dévouée corps et âme et qui leur obéit
aveuglément. Ou c'est elle qui fait le guet pendant le
coup, ou c'est elle qui va aux renseignements, deux mis-
sions dont elle peut s'acquitter sans attirer l'attention,
grâce peut-être à son triste métier; ou elle est chargée
de receler les objets volés, parfois même de cacher chez
elle, dans son lit, sous son lit, dans son armoire, quelque
scélérat activement recherché, parvenant ainsi à se
dérober par des semaines entières. En un mot elle est la
bonne à tout faire. » (1)

Le rôle de la fille publique dans les crimes commis par

(1) O. Z. *Les bas-fonds de Berlin*, p. 217.
L'une des spécialités caractéristiques des crimes commis de compagnie
par la fille et le souteneur est le chantage. La femme attire un homme
dans sa chambre et au bon moment le souteneur fait son entrée, il menace
de faire un scandale si le malheureux amant d'une heure ne débourse pas
une forte somme. Souvent le couple exerçant le chantage n'est pas formé
par une fille en numéro et son souteneur, mais par le mari et la femme.
Bataille et Macé citent de nombreux exemples de ce crime à deux

le souteneur est donc semblable à celui du complice suggestionné.

Soit qu'ils se contentent d'exercer un métier immoral
ou qu'ils arrivent même au vol ou à l'assassinat, les individus qui composent ce couple dégénéré présentent toujours les deux types de l'incube et du succube.

II. — LES URNINGES

Le couple tribade et le couple cinède

Descendons encore plus bas, malgré le dégoût que nous
puissions en éprouver, dans ces souterrains sociaux ;
enfonçons le pied dans cette fange, si haute désormais
qu'on l'aperçoit çà et là à la surface. Nous trouverons
d'autres couples dégénérés, unis non plus par l'amour,
mais par une monstrueuse parodie de ce sentiment.

Les *urninges* (1), c'est-à-dire l'homme qui aime un
autre homme, ou la femme qui aime une autre femme,
nous donnent la plus étrange, la plus basse, et, heureu-

---

(1) C'est d'un nommé Ulrichs, conseiller, que dérive ce nom. Atteint de
perversion sexuelle il n'hésita pas à enseigner et à affirmer dans plusieurs écrits que le sentiment sexuel n'est pas en relation avec le sexe, vu
qu'il y a des hommes qui se sentent femmes en présence de l'homme. Il
voulait faire reconnaître et autoriser par la loi et par la société, comme
naturel l'amour urninge, en permettant le mariage entre urninges. — De
Krafft Ebing, *Les psychopaties sexuelles*

oment, la plus rare union qui puisse s'effectuer entre eux individus. Ils ont atteint le degré plus aigu et plus ublime de l'amitié, et mettant, pour ainsi dire, en action e vieux proverbe : « les extrèmes se touchent » ils ont ranchi la frontière qui sépare l'affection platonique du ervertissement sexuel, et ils se sont plongés dans les berrations du tribadisme et de la pédérastie (1).

Alors toute la vie, chez eux, se base sur une présomption erronée : *c'est comme s'ils avaient changé de sexe*, c'est comme si, pour nous servir de la phrase du conseiller Ulrichs, une âme de femme était renfermée dans leur corps viril, ou, s'il s'agit de femme, comme si une âme virile était renfermée dans un corps de femme.

« Le paradoxal sentiment sexuel, écrit Krafft-Ebing, a sur la vie physique de l'individu la même influence que sur l'homme normal, avec cette seule différence que, à cause du pervertissement et de la force de l'imitation sexuelle, une telle influence se manifeste d'une façon différente et exagérée.

(1) Pédérastie, à dire vrai, n'est pas l'expression exacte, vu que les urninges obtiennent l'assouvissement sexuel non pas seulement par l'acte propre aux pédérastes, mais encore par d'autres actes et de la façon la plus variée. — V. Casper, *Ueber Nothzucht und Pederastie, Casper's Vierteljahrsschr*, *1852*, et Krafft Ebing, ouvr. cit., pag. 69.

Quant aux urninges platoniques, Laurent affirme en avoir trouvé quelques-uns : « On trouve bien parmi les criminels quelques détraqués héréditaires présentant des perversions plus ou moins immatérielles de l'instinct sexuel, quelques pédérastes platoniques s'éprenant pour un adolescent aux grâces d'éphèbe hellénien d'un amour vraiment socratique et où les sens n'entrent pour rien. Mais ces faits sont tout à fait accidentels ». V. *Les habitués des prisons de Paris*, p 371

12

« L'urninge c'me, déifie l'homme aimé, comme
l'amant normal déifie sa maîtresse. Il est capable de tous
les sacrifices pour l'amour de lui, il ressent les tourments d'un amour malheureux, des infidélités amoureuses,
de la jalousie.

« Il cherche à plaire à l'être aimé comme une femme
pourrait le faire pour son amant : coquetterie, pudeur,
sentiment du beau, amour de l'art, et ainsi de suite. Tout
est féminin en lui, la démarche, les mouvements, même
les vê' nents (1). Ils n'ont de l'inclination que pour les
travaux féminins, pour lesquels ils arrivent même à avoir
une certaine aptitude. Pour ce qui est de l'art et de l'esthétique, seul le danseur, l'acteur, l'athlète, la statue
d'homme appellent son attention. La vue des formes
féminines lui est indifférente sinon désagréable : une
femme nue le dégoûte, tandis que la vue de parties
génitales, de cuisses masculines, le fait frémir de
volupté.

« Chez la femme qui aime la femme, les rapports,
mutatis mutandis, sont les mêmes. L'urninge femme
sexuellement se sent homme, elle se plaît à montrer du
courage et de l'énergie virile, et son plus grand bonheur
est de se faire voir, à certains moments, habillée en

_____

(1) Les mœurs, les habitudes, la façon de s'habiller du pédéraste sont
assez connues pour qu'il soit inutile d'en faire ici la description — V. du
reste à ce sujet J. Chevalier : — *De l'inversion sexuelle au point de vue
clinique, anthropologique et médico-légal* in *Arch. de l'Anthr. crim.*
tome VI et 1 vol. in-18 chez Storck, Lyon.

omme (1). Elle aime les jeux, les occupations et les plai-
irs masculins, elle caresse dans son esprit des figures
déales de femme ; au spectacle les actrices seules attirent
ses yeux, et aux expositions son sentiment esthétique et sa
sensualité ne sont éveillés que par des toiles ou des sta-
ues de femmes » (2).

Mais tous ceux qui s'adonnent à ces amours contre
nature ne possèdent pas toujours des sentiments et des
désirs d'une forme aussi aiguë et aussi marquée que celle
que décrit Krafft-Ebing.

L'illustre psychiatre autrichien a étudié les cas
extrêmes de psycopathie sexuelle : il a examiné des individus qui étaient fatalement entraînés par une invincible
tendance naturelle vers leur passion morbide. Mais il y a
d'autres personnes qui sont poussées à l'amour pour leur
propre sexe plus par des conditions malheureuses du

---

(1) Les tribades sont d'ordinaire des femmes de vingt cinq à trente ans,
mises sans ostentation, mais avec un certain chic; elles portent les cheveux courts, les vêtements de coupe masculine, et elles ont l'allure gar-
çonnière. On peut les prendre pour des étrangères originales, mais néanmoins pour des personnes honnêtes, si on ignore l'existence de leur
spécialité ; on dirait des étudiantes russes appartenant a une classe élevée
L'une d'elles, au moment de l'Exposition de 1889, était très recherchée ·
elle portait le costume masculin à ravir, et dans l'intimité, s'ajustait une
barbe blonde en pointe qui lui donnait un faux air du général Boulanger.
On l'appelait *le bel Ernest*. — Léo Taxil, *La corruption fin de siècle*,
p 261.
    Inutile d'ajouter que dans l'ancienne Grèce les tribades avaient, comme
elles l'ont encore aujourd'hui, l'habitude de s'habiller en homme, de se
couper les cheveux, etc, etc — Voir à ce propos le fameux dialogue de
Clonarium et Léena de Lucien de Samosate (5ᵐᵉ dialogue des courtisanes)

(2) Krafft-Ebing, ouvr cit

milieu où elles se trouvent que par un puissant facteu[r]
anthropologique (1). Ils répondent alors d'une façon plu[s]
pâle et plus effacée au portrait psychologique tracé pa[r]
Krafft-Ebing, car ils acquièrent par habitude, plus qu'i[ls]
n'ont par nature, ces goûts et ces tendances dépravée[s].

C'est ce qui arrive précisément dans le tribadisme. Il [y]
a beaucoup de femmes qui sont naturellement adonnées [à]
ce vice, il y en a plus encore qui l'apprennent, et qui s'[y]
réfugient presque pour echapper à d'ignominieuses obsc[é]
nités qui sont peut être pires encore. Aujourd'hui le trib[a]
disme (2) est très répandu dans les maisons de toléranc[e]
de première et seconde classe, mais non pas dans cell[es]
de bas étage où le souteneur règne en maître (3).

---

(1) Nous avons une preuve dans la *tante*, qui se vend à qui le pay[e]
homme ou femme, et qui à tour de rôle se trouve l'amant d'une fil[le]
publique ou le complice d'un sodomiste. — Voir Joly, *Le Crime*, p. 127.

(2) *Tribadisme, amour saphique, amour lesbien,* sont les noms q[ui]
servent à désigner l'amour d'une femme pour une autre femm[e.]
Tribadisme dérive du grec τριβχς (tribade) qui dérive à son tour [du]
verbe τριβω qui signifie « frotter ». Le *tribadisme* a été également appe[lé]
amour *saphique* ou *lesbien*, du nom de la femme poète qui célébra [ce]
vice dans des vers de toute beauté, et du nom des habitantes de Lesbo[s]
accusées de cette dépravation

(3) Parent-Duchatelet, tout en constatant la fréquence du saphisme da[ns]
les maisons de tolérance riches dit pourtant qu'il est difficile de fa[ire]
avouer aux filles qu'elles sont aussi tribades elles répondent aux question[s]
en disant d'un air irrité . *Je ne suis que pour homme, et n'ai jama[is]
été pour femme.* Présentement même ce mensonge, qui pourrait êt[re]
une dernière lueur de moralité, a disparu Désormais les filles publiqu[es]
savent que l'on peut *tout* exiger d'elles et qu'il serait inutile de refuse[r]
Yves Guyot écrit que dans de nombreuses maisons de tolérance « *ou l'o[n]
fait tout, un règlement intérieur détermine les obligations des femm[es]
envers le client;* s'il se plaint, elle est mise à l'amende. Au tarif minimu[m]
de deux louis, la fille a numéro, est obligée de monter avec la visiteu[se]
qui l'a choisie ».

A quoi devons-nous attribuer sa grande diffusion ?

Nous trouvons sans nul doute une des raisons dans le pervertissement sexuel des hommes. Les sadistes (et je résume par cette seule parole toutes les différentes espèces de voluptés anti-naturelles qui sont dues à la transformation de l'amour masculin) en exigeant des filles des actes répugnants, doivent finir par les fatiguer et les dégoûter. Ces femmes, qui ne sont presque plus femelles, ne peuvent éprouver que de la répulsion pour ces hommes qui ne sont presque plus mâles. Et c'est de là que prend naissance le saphisme comme résultat logique et naturel. — Pour échapper à une infamie, les filles tombent dans une autre (1).

C'est ce qui arrive souvent aux dégénérés.

Une seconde cause du tribadisme, — qui s'enlace et qui se confond avec la première, — c'est l'absence du souteneur dans les maisons de tolérance riches. La fille a besoin d'une affection un peu solide, moins éphémère que celle que son métier lui procure chaque jour, et ne pouvant la trouver chez un homme, elle la cherche chez une de ses compagnes. La vie en commun avec celles-ci, l'intimité même de leur obscénité, est la pente facile sur laquelle on glisse, sans s'en apercevoir, jusqu'à l'amour lesbien.

Des lupanars de luxe, le saphisme s'est étendu au

(1) Voir Léo Taxil, ouvr. cit., p. 246 et suiv.

dehors, dans des milieux qui, bien qu'aussi dépr
vés, n'ont pas du moins une vulgarité aussi effro
tée.

Quelque femme entretenue, quelque cocotte du gra
monde, à entendu parler de ces turpitudes par ses am
après souper. Elle a voulu *voir*, puis elle a vou
essayer (1).

D'autre part, quelques pe is onnaires des maisons
tolérance riches, ayant facilement trouvé des protecteu
enthousiastes qui les ont emmenées, ont communiq
leurs habitudes infâmes aux femmes dont elles ont fait
connaissance. Enfin, peu à peu, le tribadisme est dever
une exception très fréquente même parmi les femm
mariées. Au dire d'un écrivain, le nombre des femm
du monde tribades est incalculable à Paris. Nous conna
sous tous, chacun dans notre ville, le nom de quelqu
femmes du monde qui s'adonnent a ce vice. No
marquons du doigt, à la promenade — telle femm
mariée ayant à ses côtés, en voiture, une jeune ami
son inséparable, qui refuse obstinément tous les m
riages que sa famille lui propose, sans vouloir en dire
raison (2).

Malheureusement le saphisme a débordé, et désorma
— comme il y a des vieux garçons qui prennent u

(1) Emile Zola, dans *Nana*, a décrit de main de maître cette gradatio
(2) Voir Léo Taxil. ouvr et p cit.

bonne *à tout faire* — il y a également des femmes qui prennent une tribade pour femme de chambre (1).

Mais quelle que soit la cause qui fait s'établir les rapports lesbiens entre deux femmes, il est en tout cas certain qu'ils prennent naissance et qu'ils se maintiennent, comme l'amour normal, par la force de la suggestion que l'une des tribades exerce sur l'autre.

« Je me suis procuré — écrit Parent-Duchatelet — la correspondance des tribades : je l'ai toujours trouvée romanesque, contenant les expressions familières aux amants, et indiquant en tout la plus grande exaltation de l'imagination. Ce que j'ai vu de plus curieux à cet égard était une suite de lettres écrites par la même personne à une autre : la première de ces lettres contenait une déclaration d'amour, mais d'un style voilé, couvert, et des plus réservés ; la seconde était plus expansive ; les dernières exprimaient en termes brûlants la passion la plus violente et la plus effrénée » (2).

---

(1) Ce qui prouve la grande diffusion du saphisme, c'est que les romanciers ne s'en tiennent pas à y faire allusion, dans leurs livres, mais qu'il orme le sujet principal de certains ouvrages. Chevalier dans l'ouvrage *de l'inversion de l'instinct sextuel* cite Diderot : *La religieuse, le roman d'une prêtresse de l'Amour lesbien*, Balzac, *La Fille aux yeux d'or* amour lesbien, Théophile Gauthier, *Mademoiselle de Maupin*, Feydau, *La Comtesse de Chalis*, Flaubert *Salambôo*. Krafft-Ebing (ouvr. cit. p 76) ajoute Belot, *Mademoiselle Giraud ma femme*. Dans la littérature allemande Krafft-Ebing cite encore les romans de Wilbrand, *Fridolin's heimliche Ehe* : de Emerich Graf Stadion, *Brik and Brak, oder Licht in Schatten*, et de Sacher Masoch, *Venus in Pelz*. Nous trouvons aussi des allusions au tribadisme dans *Nana* et la *Curée* de Zola et tout récemment en Italie dans l'*Automa*, roman de Butti et dans *Al di la* roman d'Alfred Oriani.

(2) Ouvr. cit. p. 102.

Même dans ces unions, par conséquent, nous voyons l'amante plus expansive, je dirais presque plus amoureuse, se donnant tout entière à l'aimée, tandis que celle-ci a presque l'air d'accepter un aussi grand amour, auquel elle ne répond que d'une façon beaucoup moins vive.

Dans la France du siècle dernier, à une certaine époque — écrivent les de Goncourt — chaque femme se choisissait une amie et elles vivaient pendant un certain temps presque toujours ensemble, mettant les mêmes robes, lisant les mêmes livres, se faisant des cadeaux symboliques, pleurant si elles devaient se séparer pour un jour. C'était une contagion, une suggestion de la mode, non pas une affection profonde et sincère, — comme on le voit du reste d'après l'extravagance des manifestations extérieures.... C'est le plus souvent une espèce d'esclavage qui fait qu'une femme d'un caractère plus complaisant devient presque la servante d'une autre d'un caractère plus impérieux (1).

Krafft-Ebing cite une tribade qui disait, en parlant de son amie : « Je l'ai aimée à la folie, c'était une si noble créature ! » ; et une autre qui écrivait à son amie : « Ma colombe, je ne vis que pour toi, mon âme ! » (2)

« Ce qui mérite d'être remarqué — écrit encore Pa-

(1) Voir Lombroso et Ferrero. *La donna delinquente*, sous presse.
(2) Krafft-Ebing, ouvr. cit. p 105 et 108.

rent-Duchatelet — c'est qu'il y a très souvent une disproportion remarquable d'âge et d'agrément entre deux
femmes qui s'unissent de cette manière, et, ce qui doit
surprendre, c'est qu'une fois l'intimité établie, c'est ordinairement celle qui l'emporte par la jeunesse et les agré-
ments qui témoigne à l'autre un plus grand attachement et un amour plus passionné (1). »

La dernière preuve de la vérité de cette observation
de Parent-Duchatelet nous est donnée par les révélations
mises en lumière dans un célèbre, récent et scandaleux
procès.

« Une princesse qui par sa naissance porte l'un des
plus illustres, sinon le plus illustre nom de France et qui
épousa l'un des personnages politiques italiens les plus en
vue, avait fait, il y a quelques années à Nice, la connaissance d'un colonel nommé M., qui, en mourant, lui confia
sa fille Charlotte, une jeune personne de 23 ans, mal
équilibrée, hystérique, mais d'un esprit fort cultivé et
d'une intelligence hors ligne. En peu de temps Charlotte devint l'amie intime, la compagne inséparable,
l'homme d'affaires de la princesse (2) qui ne pouvait s'en
séparer même la nuit, et qui exigeait d'elle qu'elle parta-
geât son lit. Et lorsque la jeune fille avait quelque velléité
de révolte, lorsque les deux amies, qui, malgré leur sexe et
la disproportion d'âge, vivaient comme deux amoureux,

(1) Ouvr. cit. p. 102.
(2) Il est bon de savoir que la princesse avait près de 60 ans.

n'allaient pas d'accord, la princesse rappelait Charlotte à l'ordre par des arguments d'autant plus persuasifs qu'ils étaient accompagnés de giffles et de coups de cravache.

Du reste, ces petites tentatives de révolte trouvaient leurs compensations dans un dévouement immense, furieux, servile. Un jour Charlotte sauva l'une des filles de la princesse d'un chien enragé qui s'était jeté sur elle et qu'elle arrêta en le prenant par la gorge. Un autre jour la même enfant ayant eu une crise de croup, elle suça spontanément les muccosités qui suffoquaient la petite, lui sauvant de telle sorte la vie une seconde fois.

La princesse appelait Charlotte du nom infâme de Gabrielle Bompard (1). Cette dernière disait un jour en parlant d'Eyraud : « Je le suivais comme un chien suit son maître : il était pour moi un objet de répulsion, et je ne pouvais pourtant pas m'en séparer ». Charlotte était pour la princesse ce que Gabrielle était pour Eyraud.

Peut-être la lettre suivante que la princesse adressait à

_____

(1) Voici en quels termes la princesse décrivait Charlotte. « Comme Gabrielle Bompard, elle ne se rendait aucun compte de ses actions, bonnes ou mauvaises. C'était une hystérique, voilà tout. Tout en faisant le mal par suggestion, elle aimait le bien. Singulier mélange de qualités poussées jusqu'au vice, de vices pervertis jusqu'à la vertu. Charlotte réunissait en elle toutes les contradictions. Perfide, elle était courageuse ; rusée, elle était crédule ; courageuse, elle était lâche ; demoiselle, elle était servante ; infatigable, elle était paresseuse ; perverse, elle était fidèle ; vaine, elle était humble ; spirituelle, elle était stupide ; remplie d'elle-même, elle n'était pas ambitieuse ; elle était laide et paraissait belle ! Elle inspirait de l'aversion et en même temps elle excitait les désirs.... Madame de Girardin disait un jour en parlant des femmes : Il y en a qui viennent au monde grandes dames, d'autres bourgeoises, d'autres savetières · Charlotte, jeune, belle ou presque belle, était née prostituée ! »

Charlotte est-elle le document plus curieux et plus intéressant de cette liaison immonde entre les deux femmes — une liaison qui dans la suite devait donner lieu à un crime (1).

« Je t'écris au lieu de me reposer, ingrate ; ah ! combien je t'aimerais si tu ne pouvais ne voir que moi sur l'horizon de ta vie, — mais toute à moi, uniquement à moi, avec *Messaline* et *Nana* pour seules amies. Ah ! c'était trop, sans doute. Aussi je t'en veux de mes déceptions, de mes illusions perdues, plus que de bien des choses. Pourquoi n'as-tu jamais voulu comprendre que j'étais la plus bête des femmes d'esprit, et que mon plus grand charme, peut-être — je te livre mon secret — est une sublime niaiserie ?

« Il est évident que j'ai espéré bien des choses qui ont dû te faire rire souvent; nul doute encore que je les aie crues sincèrement, et que j'aie été ma propre dupe à moi-même. Et si tu as pénétré dans mon cœur, tu as dû rire de moi souvent !

« Enfin !... A demain, gamin, je t'aime. Ce mot résume toutes mes idées, au bout du compte.

« *Je te tuerai*, sans doute, *je te martyriserai*, c'est

(1) Le procès qui se déroula à Angoulême, au sujet de ce crime, est assez connu pour qu'il soit inutile d'en résumer les faits. — Voir du reste : Bataille, *Causes criminelles et mondaines de 1891*, affaire Bouly de Lesdain; et Laurent, *L'Année criminelle* (Lyon, Storck, édit). C'est de ces deux volumes et surtout de correspondances envoyées en Italie par Richard Alt, que j'ai tiré les détails donnés plus haut.

« probable, *je te chourinerai* peut-être dans un moment
« d'irritation.

« Mais je t'aime, tout est là.

« MARIE. »

Etranges paroles, surtout les dernières, où l'on sent
vibrer l'amour despotique et cruel de cette femme qui,
dans sa pensée, réunit le sang à la luxure et la menace
au cri de la passion. (1)

L'instinct sexuel se trouve du reste souvent mêlé à
l'instinct du suicide chez les dégénérés, (2) — c'est
surtout un des caractères propres aux criminels contre
nature.

Swinburne. (3) un poète de génie, mais dégénéré lui
aussi, marchant sur les traces de Baudelaire fait parler
de la façon suivante une tribade à son amie dans
l'*Anactoria* : « Je voudrais que mon amour arrivât à
te tuer. Je suis lasse de te voir vivre. Je voudrais te voir
morte. Je voudrais que la terre dévorât ton corps et que

---

(1) Une autre fois la princesse avait fait signer à Charlotte un billet
déclarant que, si on la trouvait morte, l'on n'accusât personne puisqu'elle
avait volontairement mis fin à ses jours. Charlotte n'ayant pu ravoir ce
billet, malgré ses demandes réitérées, et ayant tout à craindre des menaces
de son amie, écrivit au mois d'avril 1891 au Procureur de la République
une lettre dans laquelle elle disait que, s'il lui arrivait malheur, on ne
devait pas prêter foi à ce billet, et la justice pouvait faire son devoir.
Elle devait, en effet, quinze jours après, rester victime d'une tentative de
meurtre, commise par son mari, qui du reste n'était que l'instrument
dont se servait la princesse pour assouvir sa vengeance.

(2) Voir à ce sujet mon livre *La foule criminelle.*

(3) Max Nordau, dans un volume publié récemment et intitulé *Degene-*
razione en a longuement parlé.

tu ne fusses douce pour nulle bouche au monde. Les vers seuls te posséderaient. Je voudrais trouver des moyens atroces pour te tuer, des moyens violents, des tourments en foule..... Ah! si je pouvais essayer de te broyer jusqu'à te détruire, et puis mourir, mourir de ta douleur et de mes délices à m'être fondue dans ton sang, en toi-même. »

Ces phrases, tombées de la plume d'un poète sont identiques à celles de la réalité, citées plus haut; ce qui prouve que l'auteur *sentait* véritablement le phénomène qu'il savait décrire avec une aussi grande exactitude.

Etrange lettre, — que celle de la princesse, — où de son propre aveu, les deux noms de *Messaline* et de *Nana* servaient à indiquer ses deux pieds.

Les journalistes et le public ont souri lorsqu'ils ont entendu que la noble dame avait baptisé ses deux pieds d'une singulière façon. On n'y a vu généralement qu'une extravagance, mais en regardant plus loin on y voit un symptôme psychologique des plus importants; c'est là, selon moi, l'embryon de l'argot qui est le caractère infaillible, je dirais presque le sceau de toute association.

De même que l'on n'a jusqu'ici étudié que les formes les plus graves et les plus complexes des associations de malfaiteurs, en négligeant les moins importantes et les plus simples on n'a également étudié l'argot que lorsqu'il constituait le langage spécial d'une société nombreuse de criminels.

Or je crois, au contraire, que l'argot fait son apparition en même temps que la plus petite de toutes les sociétés, c'est-à-dire qu'il naît et qu'il s'établit, comme un véritable trait d'union psychologique, même entre deux seules personnes liées l'une à l'autre par une vive affection ou par un puissant intérêt normal ou pathologique.

Personne ne voudra nier, — bien que ce fait, que je sache, — ait été fort peu observé (1), que deux amants se servent parfois dans l'intimité d'expressions et de paroles qu'ils sont seuls à comprendre et qu'ils créent justement parce qu'ils éprouvent le besoin de trouver des expressions tout à fait spéciales pour correspondre entre eux et que nul autre au monde ne saurait comprendre. C'est, pour ainsi dire, la *nouvelle* société psychologique qu'ils ont créée qui éprouve le besoin de *nouvelles* façon de s'exprimer pour la même raison qui fait qu'à chaque *nouvel* organe doit correspondre une *nouvelle* fonction.

C'est là, sans nul doute, l'origine du néologisme en général et de l'argot en particulier.

La princesse se servait avec Charlotte de paroles qu'elles

---

(1) Tanzi, si j'ai bonne mémoire, dans un bel article qu'il intitulait, je crois : *I neologismi negli alienati* et qu'il publia il y a quelques années dans la *Rivista sperimentale di freniatria*, développa, à propos des néologismes, la même idée que j'applique aujourd'hui à l'argot, qui n'est au fond qu'un ensemble de néologismes ayant *fait fortune*, comme dirait Bagehot, dans un milieu restreint et spécial. Ne pouvant retrouver l'article de Tanzi je me trouve dans l'impossibilité de faire ma citation d'une façon plus précise et de rappeler, selon mon désir, les observations d'une grande profondeur et d'une utilité plus grande encore de ce savant distingué.

étaient seules à comprendre, par cela même qu'elle avait avec elle des rapports qu'elle n'avait avec aucune autre femme, et ces paroles étaient lascives et indiquaient des parties de son beau corps, car c'était la lascivité qui liait les deux femmes l'une à l'autre et c'était à ce beau corps que s'adressait toute la sensualité de Charlotte (1).

Combien d'amants ne donnent-ils pas eux aussi un nom aux parties du corps de leur maîtresse. (2)

Nous retrouvons dans le cas de la princesse, ce phénomène assez ordinaire simplement transporté dans le champ pathologique,

. *.
. .

Il nous resterait encore à parler du couple d'urninges hommes. Mais, comme l'a dit Krafft-Ebing dans la page citée plus haut, l'on ne pourrait que répéter, sous une autre forme, ce qui a déjà été dit pour le couple tribade.

L'inversion sexuelle chez les hommes est le pendant de l'inversion sexuelle chez les femmes ; elle grandit, elle aussi, elle s'étend avec la seule différence des moyens et

(1) L'argot pour désigner des parties du corps est, du reste, une habitude très répandue parmi les tribades. Joly (*Le crime*, p. 268) écrit : « Les tribades réservent les mots les plus charmants et les plus doux pour désigner en cachette les détails les plus libertins ou les habitudes les plus infâmes de leur existence ».

(2) Voir à ce sujet Laurent, *L'amour morbide*, Paris, 1890. et l'article que Tarde a écrit à propos de cet ouvrage dans les *Archives de l'anth. crim. et sciences pén.*

de l'intensité de la manifestation, des milieux de la misère aux sphères les plus élevées du grand monde.

Les urninges hommes aiment d'un immense amour leur complice, que Verlaine appelait *son grand péché radieux* (1). Un urninge disait à son médecin : « Tout ce temps passa délicieusement avec mon ami H..., et je voudrais revivre ce passé au prix de mon sang : la vie n'était alors que bonheur pour moi. »

L'influence de la suggestion se manifeste peut-être, en certains cas, d'une façon plus évidente dans les amours entre hommes que dans l'amour lesbien. Un urninge qui exposa tout au long à Krafft-Ebing sa triste vie, racontait par ces paroles son premier pas dans la voie du mal. « J'avais 25 ans, lorsqu'un jour un capucin me regarda fixement : il fut pour moi un véritable méphistophélès : enfin il m'adressa la parole, et il me semble encore entendre mon cœur battre comme

---

(1) Verlaine, un poète décadent d'une grande force, fut condamné pour blessures de son complice pendant des actes sodonistes. Voici les vers que, l'ayant cru mort, il lui adressait dans son poème *Læti et Errabundi*

    « On vous dit mort, vous. Que le Diable
        Emporte qui la colporte
        La nouvelle irrémédiable
        Qui vient ainsi battre ma porte !

    J'y ni veux rien croire. Mort, vous,
        Toi, Dieu parmi les dieux !
        Ceux qui le disent sont des fous !
        Mort, mon grand péché radieux !

    Tout ce passé brûlant encore
        Dans mes veines et ma cervelle
        Et qui rayonne et qui fulgore
        Sur ma ferveur toujours nouvelle!.... ».

alors ; il me donna un rendez-vous pour le soir dans
une auberge. Je m'y rendis, mais pris d'un horrible
pressentiment je n'en franchis pas le seuil et je revins
sur mes pas. Je le rencontrai de nouveau le soir suivant, et il me décida à aller avec lui dans sa chambre ;
j'étais tellement ému que c'est à peine si je pouvais
marcher. Le séducteur me fit prendre place sur un
divan, et en souriant me fixa de ses yeux noirs, d'une
beauté merveilleuse. Je m'évanouis.

« Je ne saurais décrire la douceur infinie, la joie cé-
leste qui m'envahit tout entier ; seul un amoureux, qui,
pur encore, étanche pour la première fois sa soif d'a-
mour peut être aussi heureux que je le fus ce soir-là.
Mon séducteur en plaisantant (je croyais d'abord qu'il
parlait sérieusement) me demandait ma vie ; je le sup-
pliais de me laisser encore quelque peu m'enivrer de
mon bonheur, en lui disant que je serais mort ensuite
avec lui, et je l'aurais certainement fait car j'étais alors
sous le poids des idées les plus extravagantes. » (1)

Je fais encore remarquer que l'idée du sang apparaît
toujours dans ces amours pathologiques; l'incube, afin
de mettre, pour ainsi dire, à l'épreuve le dévouement du
succube le menace du suprême sacrifice de la vie, et le
succube frémit de joie à la seule pensée de pouvoir prouver
par son martyre la grandeur de sa passion. (2)

(1) Krafft-Ebing, ouvr. cit
(2) Voir ce que nous avons dit plus haut.

Il est certain que les urninges hommes — pas plu
que les urninges femmes - n'arrivent pas tous à u
tel degré de pervertissement et que la soumission d'un
part et le despotisme de l'autre ne sont pas toujour
aussi accentues. Mais les pédérastes aiment bien plus qu
les tribades à entourer leur vice de la volupté étrange e
aiguë de la douleur. Ils éprouvent presque le besoi
d'ajouter à leur instinct anti-naturel la sensation spasmo
dique et raffinée du danger et s'ils n'en arrivent pas
vouloir exposer leur vie à de sérieux périls, ils cher
chent du moins à courir risque de l'honneur. Quels qu
soient la cause, la façon et le degré de leur dégénérescence
soit qu'ils soient malheureux et se trouvent être le
premiers à souffrir de leur abrutissement, soit qu'il
soient de vulgaires pédérastes vivant de leurs habitudes
infâmes — qu'ils soient riches ou vagabonds, ils n
veulent pas satisfaire leurs instincts tranquillement,
sûrement, avec des complices qui aient leur confiance —
mais ils se plaisent aux louches rencontres, à la chasse
oblique du vice, aux rendez-vous dans les lieux suspects
L'on pourrait dire que, comme l'amour chevaleresque
avait son idéal de danger glorieux, leur passion dégénérée
a un idéal de danger infâme. (1)

C'est là peut-être la seule note formant la différence
entre les deux grandes formes pathologiques du triba-

(1) Voir à ce sujet un article de Henry Fouquier, dans le *Figaro* du 1
août 1891.

disme et de la pédérastie, où va se perdre et se souiller
la passion d'amour. Elles suivent, du reste, deux chemins
différents, mais parallèles.

.˙.

La conclusion de tout ce que nous avons dit jusqu'ici
est simple et nous pouvons l'exposer en quelques lignes.

De même que nous n'avons voulu, par l'étude des
couples criminels, que donner une idée de la façon dont
prend naissance tout d'abord l'association entre les criminels, — nous n'avons voulu par l'étude des couples dégénérés que faire voir la cause et le premier aspect de
ces nombreuses et complexes associations entre filles publiques et souteneurs, entre tribades et pédérastes, qui,
aujourd'hui, ont atteint des proportions vraiment ex-
traordinaires.

Notre ouvrage — modeste analyse de la suggestion de
l'un sur l'autre — n'a la prétention d'être que le guide,
l'introduction oserai-je dire — à la plus vaste étude de la
suggestion d'un seul sur un grand nombre et d'un grand
nombre sur un seul, dans laquelle se trouve résumé le
phénomène de l'association criminelle.

J'espère pourtant qu'après tout ce que nous avons dit
— si l'on pense au nombre énorme existant en réalité de
chacun de ces couples étudiés un à un, et si l'on réflé-

chit a la fermentation psychologique que devront produire l'union et le rapprochement de tous ces couples, —
l'on pourra dès à présent entrevoir sous son véritable aspect le monde des dégénérés qui entoure d'une atmosphère
malsaine la classe des criminels et qui, avec elle, forme
l'immonde sous-sol de l'édifice social.

CHAPITRE VI (1)

Les libéricides

I

« Les enfants occupent aujourd'hui une place beaucoup plus grande dans la famille ; on vit plus avec eux, on vit plus pour eux. Ils sont presque devenus les personnages principaux de la maison. » (2)

Ce jugement optimiste d'un écrivain français est exact peut-être pour les enfants nés dans les familles honnêtes et aisées, mais pourrons-nous en dire autant pour tous les autres enfants auxquels le destin a refusé ce privilège et ce bonheur ? (3)

L'un des phénomènes les plus douloureux et les plus caractéristiques de notre époque, est formé par l'abandon dans lequel sont laissés les enfants par ceux-là mêmes qui devraient en avoir le plus grand soin, — par les mauvais traitements moraux qu'endurent ces pauvres

(1) Voir la note (1) a la page 131.
(2) Legouvé : *Les pères et les enfants au dix-neuvième siècle*
(3) Bonneville de Massangy · *Moralisation de l'enfance coupable.* Paris A. Auger 1867.

petits êtres de ceux-là même qui devraient les aimer
de toute la force de leur âme.

On dit qu'il n'y a que les enfants d'heureux au
monde, et Lamartine se demandait :

> Pourquoi Dieu mit-il donc le bonheur de la vie
> Tout au commencement?

Mais il disait faux, et la question était inutile, car
elle avait comme point de départ une grosse erreur.

L'enfance heureuse? Mais puisqu'elle a tous les malheurs, toutes les maladies, toutes les dégénérescences qui
affligent les hommes, et qu'elle a, en outre, moins de force
pour les supporter et moins aussi la responsabilité de se
les être procurées !

Depuis les enfants abandonnés dès leur naissance jusqu'à ceux que la misère, la négligence ou l'exemple infâme des parents pousse dès l'âge le plus tendre sur la
voie du vagabondage au bout de laquelle se trouve fatalement la prostitution, le crime, ou la mort précoce
dans un hôpital, — il est aussi pour l'enfance une odyssée
de misères physiques et morales, qui, plus que tout autre,
doivent les faire prendre en pitié et donner à réfléchir.

Les faire prendre en pitié, ai-je dit, car un enfant qui
souffre ou qui s'est détourné du droit chemin n'est jamais véritablement et lui seul responsable de sa douleur
ou de sa faute ; — donner à penser, ai-je ajouté, car
c'est dans l'enfance d'aujourd'hui que la société trouve
son espoir ou son danger du lendemain.

Heureusement l'Italie n'a pas, comme l'ont fait d'autres nations, vu augmenter le nombre des adolescents précoces pour le mal ! (1) En France, le nombre des inculpés mineurs s'est accru du 47 0/0, tandis que le nombre des inculpés majeurs ne s'est accru que du 27 0/0 (2).

A Paris, sur un total d'individus arrêtés annuellement qui varie de 30 à 45.000, les enfants au-dessous de 15 ans représentent le 4 1/2 0/0, et les jeunes gens au dessous de vingt ans le 35 0/0 ! (3)

En Italie la criminalité précoce est à peu près stationnaire, on la trouve même parfois en décroissance comme l'on pourra en juger par la table suivante :

(1) Parmi les nations européennes, l'Italie occupe, pour la criminalité des mineurs la 9ᵐᵉ place, et la France la 8ᵐᵉ ,tandis que l'Angleterre occupe la 1ʳᵉ et la Russie la derniere, comme le prouve la statistique suivante que je tire des *Nuovi Orizzonti* de Ferri, page 242·

Détenus âgés de moins de 20 ans.

	Hommes	Femmes	Moyenne totale sur 100 criminels
Angleterre (a).	27.4 0/0	14 5 0'0	20 54
Suede....	19.7 »	17.0 »	18.30
Ecosse........	20.0 »	7.0 »	13.50
Hollande..	22 8 »	3.7 »	13.25
Belgique.	20.8 »	... »	....
Autriche......	9 6 »	10.6 »	10.10
Danemark ..	9.9 »	9.6 »	9.72
France	10.0 »	7.6 »	8.80
Italie........ ..	8.8 »	6.8 »	7.80
Suisse	6.6 »	7.0 »	6.80
Hongrie	4.2 »	9.0 »	6.60
Irlande... .. .	9·0 »	3.2 »	6 10
Prusse (b). .	2.8 »	2.6 »	2.70

(a) Jusqu'à 24 ans.
(b) Seulement jusqu'à 19 ans.

(2) Voir A. Bournet · *La nuova legge francese sull'infanzia maltrattata e abbandonata* dans la *Scuola positiva* I, page 633

(3) Voir L Flèche *Comment on devient criminel* — Paris, 1889

	1882		1883		1884		1885		1886		1887		1888		1889	
	Chiffres effectifs	Proportion sur 100	Chiffres effectifs	Proportion sur 100	Chiffres effectifs	Proportion sur 100	Chiffres effectifs	Proportion sur 100	Chiffres effectifs	Proportion sur 100	Chiffres effectifs	Proportion sur 100	Chiffres effectifs	Proportion sur 00	Chiffres effectifs	Proportion sur 100 (1)
Ages do moins do 14 ans — Prévenus condamnés par les Prétori (juges de paix) ...	—	—	—	—	5850	2 10	6083	2.23	4873	1.71	5970	2 31	5171	1.83	5692	
Prévenus jugés par les Tribunaux correctionnels....	1131	1.16	904	1.02	1120	1.21	849	1.21	890	1.30	829	1.21	813	1.25	730	1 88
Prévenus condamnés par les Cours d'Assises..........	4	0.06	9	0 14	4	0.08	3	0.00	7	0.15	8	0.06	—	—	4	
De 14 à 18 ans — Prévenus condamnés par les Prétori (juges de paix)....	—	—	—	—	21000	8.26	21555	7.88	19124	6.92	19200	7.40	19616	6 95	20250	
Prévenus jugés par les Tribunaux correctionnels	6490	5.83	5610	5.64	5322	5.50	4292	6.11	4141	6.03	3550	5.32	3761	5.59	3873	7.08
Prévenus condamnés par les Cours d'Assises	253	3.67	255	3 84	219	4.85	204	3 98	170	3.86	150	2 90	140	2.90	154	
De 18 à 21 ans — Prévenus condamnés par les Prétori (juges de paix)..	—	—	—	—	36002	14.80	35915	13.14	32226	11.47	29101	11.24	34336	12.15	30342	
Prévenus jugés par les Tribunaux correctionnels..	14008	12.15	12575	11.16	11050	10.00	8926	12.76	9038	13.17	8845	13 25	9157	13.60	7778	11.80
Prévenus condamnés par les Cours d'Assises	752	10.24	784	11.80	672	13.85	604	11.78	475	10.23	610	11.78	612	12.26	567	
Do 21 au delà — Prévenus condamnés par les Prétori (juges de paix)..	—	—	—	—	101822	75.25	200876	76 15	224285	70.87	201105	77.55	217560	70.07	227519	
Prévenus jugés par les Tribunaux correctionnels....	82100	80.86	79779	81 08	78883	82.83	55375	70.80	64738	70.80	53531	80.10	58701	79 56	41587	79.74
Prévenus condamnés par les Cours d'Assises	6100	86 16	5528	84.22	4138	82.24	4137	84.18	3982	85.76	4116	85.26	4229	81.75	4063	

(1) La *Statistica giudiziaria penale pel 1889* nous donne la proportion sur de cette colonne représentent donc la moyenne du total des condamnés par les 100 des criminels divisés selon l'âge, pour chaque magistrature. Les chiffres Prétori, les Tribunaux correctionnels et les Cours d'Assises.

Le mal ne grandit pas, mais il n'en est pas moins grave, surtout (1) si l'on porte l'attention sur les causes qui le déterminent. Sauf quelques cas, — certes assez rares — de tendance innée et fatale au crime, on peut affirmer, sans avoir recours à la statistique, que la plus grande partie des crimes commis par les enfants doivent s'attribuer aux exemples et à la négligence de leurs familles, qui, positivement ou négativement arrivent par conséquent à en avoir la plus grande part de responsabilité. (2)

Mais il y a un autre tableau bien plus triste encore, le tableau de la prostitution précoce.

En 1836 Parent-Duchatelet (3) ayant pu voir les registres de 3.248 filles régulièrement inscrites à la Police de Paris, indiquait dans le tableau suivant, que je reproduis, l'âge de chacune d'elles à l'époque de son inscription :

---

(1) D is quelques départements judiciaires du royaume d'Italie, et particulièrement dans les grandes villes, la criminalité des mineurs augmente. V. à ce sujet C Cavagnari · *L'infanzia abbandonata e la délinquenza précoce* dans la *Scuola positiva*, I, page 376.

(2) Consulter Joly : *Le combat contre le crime*, surtout au chap. III, et voir aussi Colajani · *Sociologia criminale*, II, page 69 et suiv., et Mairo *I caratteri dei delinquenti*, page 356 et suiv.

(3) *De la prostitution dans la ville de Paris* — Bruxelles 1836. pages 60 61.

AGE à l'époque de l'inscription	NOMBRE des filles	AGE à l'époque de l'inscription	NOMBRE des filles
10	2	37	15
11	3	38	12
12	3	39	11
13	6	40	9
14	20	41	5
15	51	42	8
16	111	43	7
17	149	44	9
18	279	45	6
19	322	46	4
20	389	47	3
21	303	48	2
22	300	49	12
23	215	50	4
24	179	51	0
25	136	52	1
26	140	53	0
27	122	54	0
28	101	55	1
29	57	56	1
30	56	57	0
31	52	58	1
32	27	59	0
33	32	60	0
34	31	61	0
35	26	62	1
36	24		

En additionnant on voit que 1335 jeunes filles ont été enrôlées dans l'armée de la prostitution lorsqu'elles n'avaient pas encore 21 ans. Et 1335 mineures sur 3248 filles, c'est le 41 pour cent. Un chiffre énorme !

Dans une autre partie de son ouvrage (1) Parent-Duchatelet nous apprend que sur 12.550 filles inscrites sur les registres de la Police parisienne de 1816 à 1832, *deux mille quarante-trois* avaient été inscrites *avant*

(1) A pag. 225.

d'avoir accompli 18 ans, et *six mille deux cent soixante-quatorze*, c'est à dire la moitié juste, *avant d'avoir accompli 21 ans !*

Il serait inutile, ici aussi, de recourir à la statistique, pour savoir *qui* fut la cause de ce que ces 6.274 sont tombées dans le vice si tôt et pour toujours peut-être. (1) Mais, vu que Parent-Duchatelet, cet innarrivable historien de la prostitution, a fait une enquête spéciale sur les causes qui ont induit 5.174 femmes à s'inscrire comme prostituées, il nous plait d'en rapporter ici les résultats :

Causes déterminantes	Nombre de filles
Misère	1.441
Chassées de la maison paternelle ou abandonnées par leurs parents..........	1.225
Concubines abandonnées par leur amant.	1.425
Amenées à Paris et abandonnées par leur séducteur........., ...	404
Domestiques séduites et abandonnées par leur maître...	2³0
Venues de province à Paris pour y chercher de quoi vivre et tombées dans le vice..	280
Pour nourrir des parents âgés ou infirmes, ou une nombreuse famille (2)........	89
Total..	5.144

(1) « L'inconduite des parents et les mauvais exemples de toute espèce qu'ils donnent à leurs enfants doivent être considérés pour beaucoup de filles comme une des causes premières de leur détermination. Les dossiers de chaque fille et les procès-verbaux des interrogatoires font sans cesse mention de désordre dans les ménages, de pères veufs vivant avec des concubines, des amants des mères veuves ou mariées, de pères et mères séparés etc. »

(2) A remarquer le petit nombre de filles tombées dans la prostitution pour un noble motif.

De sorte que *mille deux cent vingt-cinq* filles sur
5.174, — c'est à dire 23,67 0/0 — sont indubitable-
ment tombées dans la prostitution par la faute de leurs
parents. Et il est à remarquer que Parent-Duchatelet ne
fait pas mention de celles que leurs parents forcent à se
vendre ; le nombre n'en doit pas être négligeable, si l'on
pense que sur les registres de la prostitution de Paris on a
trouvé *16 fois* la mère et la fille inscrites ensemble.

Quant à l'Italie, Tammeo(1) nous donne les chiffres
suivants :

NOMBRE DES FILLES EN CARTE

	Nombre effectif	Proportion p, 0/0
Année 1875.		
De 16 à 20 ans	2455	26.98
» 21 » 30 »	4766	52.50
» 31 » 40 »	1586	17.44
» 41 » 50 »	234	2.57
Au-dessus de 50 ans	47	0.51
Total......	9098	100.00
Année 1881.		
De 17 à 20 ans	2953	28.33
» 21 » 30 »	5456	52.35
» 31 » 40 »	425	15.24
Au-dessus de 40 ans	425	4.08
Total.. ...	10422	100.00

(1) G. Tammeo · *La prostituzione*, Saggio di statistica morale.— Torino,
Roux, pag. 84.

Année 1885.	Nombre effectif	Proportion p. 0|0
Jusqu'à 20 ans	2328	27.76
De 20 à 30 »	4589	54.70
Au-desssus de 30 ans	1471	17.54
Total.....	8388	100.00

Et Tammeo ajoute: « L'énorme proportion de 26 à 28 pour cent à l'âge de 16 à 20 ans prouve que la prostitution est malheureusement favorisée par les parents et par le milieu ; car on ne peut admettre aucune initiative individuelle à un âge si tendre. Le plus souvent l'instinct du sexe n'est même pas développé, et à cet âge les fillettes ne peuvent absolument pas comprendre que la prostitution est un remède contre la faim et un moyen agréable et sûr de mener joyeuse vie, si la tristesse de la misère et la perversité ou le besoin de la famille ne viennent les déniaiser. Par conséquent les inscriptions à un âge si tendre sont faites de l'initiative des parents, ou, tout au moins, ceux-ci n'ont rien fait pour s'y opposer.

Si l'on pense, en outre, au nombre de filles insoumises et au nombre des petites filles qui font cet infâme métier en le masquant de l'une de ces formes larvée de vagabondage, comme la vente des petits bouquets (1), l'on

_____

(1) « Aujourd'hui, dans cette fin de siècle fangeuse nous avons quelque chose de plus grave que l'immense classe des *horizontales*. Pour satisfaire les désirs insatiables des clients et des clientes, les mères infâmes — il y a des femmes qui arrivent à cela, — ont enseigné à leurs petites filles les

verra que l'immoralité comme le crime s'est étendue
jusqu'aux enfants, et l'on ne pourra nier, à mon avis,
que la cause première et plus importante de ces turpitudes
n'est que l'abandon dans lequel les enfants sont laissés
par leurs parents, et, malheureusement, par la loi elle-
même qui, bien souvent, devrait prendre la place de ces
derniers (1).

II

Mais ce n'est pas des crimes et des fautes que commettent les enfants que nous devons nous occuper, mais bien
des crimes qui se commettent sur eux.

Nous avons voulu parler en passant des premiers parce
qu'ils sont la manifestation indirecte et moins grave de
ce phénomène qui dans les mauvais traitements infligés à
l'enfance trouve sa manifestation directe et plus grave.

Entre un père et une mère qui négligent leurs enfants

plus obscènes pratiques du sadisme et du saphisme. Ce sont ces fleuristes
de 8 à 10 ans qui, le soir, courent les cafés, en offrant des fleurs aux clients
des deux sexes, les regardant effrontément dans le blanc des yeux s'ils
veulent plaisanter, et posant leur petite main sur la main gantée du vieux
monsieur ou sur la robe de la dame richement vêtue. Ces petites filles qui
cherchent le vice et provoquent les immondes instincts des sadistes et des
tribades, ne sont pas, je le répète, des *horizontales* : on les appelle les
petites agenouillées, et ce nom n'a pas besoin d'être expliqué »

(1) Voir à ce sujet les faits épouvantables décrits par Yves Guyot dans
son livre *La Traite des Vierges a Londres*. Paris, Charpentier, 1885.

jusqu'à les laisser sans défense au milieu des suggestions immorales et des difficultés économiques du milieu social, et un père et une mère qui battent, blessent, tuent, martyrisent leur fils, il n'y a qu'une différence de degrés.

Tous ces parents manquent, totalement ou en partie, du sentiment sacré d'affection envers leurs fils, et c'est seulement en révélant cette faute d'affection qu'ils montrent leur perversité plus ou moins grande.

Un enfant qui tombe dans le crime, ou une petite fille qui tombe dans la prostitution est — presque toujours — une vivante accusation contre ses parents, tout comme' l'enfant qu'ils ont maltraité ou blessé. Il n'y a en plus dans ce dernier cas que la brutalité de l'offense physique.

Malheureusement aujourd'hui les crimes contre l'enfance sont devenus si fréquents et si atroces, qu'ils s'imposent à l'attention du public, qui pourtant d'habitude ne s'occupe guère de ce qui a rapport à la criminalité.

Du reste ce crime n'est pas d'aujourd'hui. Montaigne, par le suivant passage, nous prouve qu'il existait déjà de son temps :

« Combien de fois m'a-t-il pris envie, passant dans nos rues, de dresser une farce pour venger des enfants que je voyais écorcher, et assommer, et meurtrir, à quelque père ou mère furieux et forcenés de colère. Vous leur voyez sortir le feu et la rage des yeux, avec une voix tremblotante et éclatante, et puis, voilà les garçonnets

estropiés, éborgnés et étourdis de coups, et notre justice
n'en fait pas compte. » (1)

Ainsi donc, même dans les siècles passés, les sévices
contre les enfants se connaissaient déjà, mais ils ont
augmenté aujourd'hui, et ils ont surtout soulevé l'indignation générale : une croisade a été entreprise par la
presse en faveur de ces petits martyrs et jusque dans les
Parlements des voix se sont élevées pour leur défense. (2)

Certes, le *libéricide*, me servant de ce néologisme des
plus justes, employé par un auteur à exprimer le meurtre
des enfants par leurs parents, est le plus atroce de tous
les crimes et peut-être est-il aussi le plus difficile à comprendre et à expliquer.

Aubry, qui a été, si je ne me trompe pas, le premier à
s'occuper de ce sujet, faisait remarquer que le *libéricide*
est habituellement commis par la mère (3), et il ne pou-

---

(1) Voir, pour les nouvelles historiques sur le libéricide, la monographie
du Dr E. Dumas, *Du libéricide ou meurtre des enfants mineurs par leurs
parents*. Le Dr Dumas, que je remercie d'avoir si fréquemment et si aimablement cité la première édition italienne de cet ouvrage, a — selon moi,
— commis une erreur en citant entre les libéricides les meurtres d'enfants
difformes à Sparte, Virginius qui tue sa fille Virginia devant les juges,
et Brutus qui fait condamner ses deux fils pour avoir conspiré contre la
République — Ces cas n'ont *absolument rien* à voir avec le libéricide, et
la raison en est si évidente, qu'il me semble inutile de l'indiquer.

(2) M. Minelli, député italien, a présenté à la Chambre un projet de loi
sur l'enfance abandonnée et maltraitée.

(3) Aubry disait qu'il n'avait pu recueillir que trois seuls cas de libéricides commis par des hommes (*De l'homicide commis par la femme*, Lyon,
Storck, 1891) Ce sont les suivants . 1° Petitdemange égorge sa fille, âgée
de 10 ans; 2° Sourimant tue sa fille âgée de 18 mois ; 3° un menuisier de
Berlin tue sa femme et ses cinq enfants. — Guy Tomel et Henry Rollet
dans leur beau livre *Les enfants en prison* (page 112) citent un autre
libéricide commis par un père. Le misérable, après avoir cassé un bâton

vait arriver à trouver ni les motifs qui peuvent pousser
à ce crime ni la raison pour laquelle les pères le commettent bien plus rarement que les mères. « Nous ne cherchons même pas une explication à ce crime absolument
contre nature. Un mobile quelconque, l'amour de l'argent,
la vengeance, la colère, nous rendent compte d'un assassinat, mais quelle raison une mère peut-elle avoir de tuer
son enfant, alors qu'elle l'a déjà élevé en partie, qu'il
a plusieurs mois, ou même plusieurs années ? Il nous
semble impossible de comprendre quelle explication on
peut donner à cette cruauté. Nous ne voyons pas davantage pourquoi le crime est commis par la mère et presque
jamais par le père. Rarement celui-ci intervient, ou, s'il
paraît, c'est comme complice, exceptionnellement comme
auteur principal. Pourtant les motifs qui incitent la mère
à tuer devraient agir de même sur le père, car il existe et
vit avec sa femme du moins dans un grand nombre de
cas. » (1)

sur la tête de sa petite fille, l'avait forcée à s'étendre par terre *et s'amu-
sait a sauter a pieds joints sur l'estomac de la petite.* J'ai pu, quant à moi,
examiner sept procès pour mauvais traitements infligés à des enfants,
procès qui se sont déroulés l'année dernière dans le district de la Cour
d'appel de Rome. Deux d'entre eux avaient pour auteur le père de la
victime : les nommés Caponi et Conti (sentences du Tribunal correctionnel de Velletri (province de Rome) 7 et 14 juillet 1891) — M. le Dr E.
Dumas, dans une étude tout à fait récente, intitulée : « *Du libéricide ou
meurtre des enfants mineurs par leurs parents* » (Storck, Lyon 1893), a
recueilli trente cas de libéricides commis par le père, mais vingt d'entre
eux dépendaient, sans aucun doute, d'un état morbide, alcoolisme ou alié-
nation mentale, — et quatre laissaient supposer l'existence d'une cause
pathologique. Le libéricide, *en pleine liberté d'esprit,* est donc, de l'aveu
même de M. Dumas, très rarement commis par le père

(1) Ouvr. cit. p 24

Je crois possible de résoudre, du moins en partie, ce problème qui a arrêté M. Aubry.

Il est monstrueux, j'en conviens, mais non pas inexplicable qu'une mère maltraite et tue son enfant.

Et avant tout : N'y a-t-il pas des parents autocrates et sévères pour lesquels les moyens de faire valoir l'autorité paternelle sont le bâton, ou tout au moins les gifles et les calottes ? N'y a-t-il pas des parents de tempérament excitable et irascible qui répriment par des brutalités irréfléchies la désobéissance ou l'impertinence souvent inconsciente de leur enfant ? N'est-il pas possible aussi, comme le faisait remarquer Jules Simon dans un de ses derniers discours, que le passé revive en nous et que le droit suprême du père de famille des Romains, soit resté avec toutes ses exagérations dans le sang de quelques personnes ? (1) Et alors pourquoi s'étonner si on punit les enfants trop durement, si on les bat, si on les fait souffrir ? N'est-il pas facile d'excéder dans la correction ? Qui pourra tracer la limite où la juste sévérité finit et où commence l'inutile cruauté ?

Mais il y a encore autre chose à remarquer.

On parle toujours de l'affection et jamais ou presque jamais de l'antipathie des parents pour leurs enfants. Pourtant le phénomène est loin d'être rare. Je dirais presque que

(1) Cet appel à l'atavisme a été fait — il faut bien le remarquer — par Tomel et par Rollet, que l'on ne pourra certes pas soupçonner de suivre, les yeux fermés, les théories de notre école

dans les familles où les enfants sont nombreux, il y a
toujours d'un côté un préféré, un benjamin, et de l'autre
un négligé, un souffre-douleur.

L'égalité n'est pas dans le cœur humain, et la distribution proportionnelle de l'affection est un problème plus
insoluble encore que la distribution proportionnelle de la
richesse.

Chaque père, et surtout chaque mère, s'ils ont plusieurs enfants, ont toujours une préférence marquée pour
l'un d'eux (1) ; c'est là peut-être un mystère psychologique, mais ce n'en est pas moins une indiscutable vérité.
Et pourquoi ? Les causes en sont parfois obscures, parfois aussi bien apparentes. La sympathie ou l'antipathie,
plus ou moins fortes, naissent sans raison, instinctivement,
et viennent des qualités ou des défauts de l'enfant.

Eh bien, exagérez cette antipathie, mettez que les individus qui l'éprouvent, au lieu d'être profondément pénétrés de leurs devoirs, soient des faibles, vous verrez la
négligence se transformer en injustice, les mauvais
procédés en coups, l'antipathie en haine et du souffre-
douleur vous ferez une véritable victime.

MM. Guy Tomel et Henry Rollet, qui ont étudié
d'après nature le problème de l'enfance abandonnée et

----

(1) En général le père préfère la fille et néglige le garçon, tandis que la
mère, au contraire, préfère le garçon et néglige la fille Cette sympathie
entrecroisée des sexes entre ascendant et descendant n'est peut-être —
comme dit Henri Ferri avec une poétique intuition — que le pâle reflet de
l'amour qui se prolonge à travers les générations.

maltraitée, décrivent dans une page pleine d'éloquence ce phénomène que nous avons observé : « C'est souvent à une infirmité physique ou intellectuelle que le petit malheureux doit sa persécution. Tout jeune, il était malpropre : dès qu'on le crut en âge de comprendre, peut-être avant, on le frappa pour le corriger. Comme son état tenait à une faiblesse organique, et non à la mauvaise volonté, les coups ne le guérirent point. On le fit coucher sur un sac de copeaux qu'il pouvait souiller tout à loisir ; on se déshabitua de lui donner les soins quotidiens qui ne suffisaient pas à le tenir dans un état convenable. Il devint débile, peut-être repoussant par sa crasse et sa saleté. On lui donna pour vêtements des haillons hors de service des autres enfants, on le séquestra dans un grenier ou dans quelque cabinet noir, où ses pleurs et ses cris ne pouvaient plus importuner personne. Au bout de quelque temps le petit paria devient un objet de répulsion, un souffre-douleur pour les autres enfants, quelquefois pour ses frères et ses sœurs. » (1)

Qui ne reconnaît pas dans cette esquisse la mélancolique et touchante figure de quelque enfant que sa famille néglige ? Qui ne s'aperçoit pas que l'on trouve dans ce portrait la physionomie — exagérée peut être, mais fondamentalement vraie — de tous ces pauvres petits que l'on habille moins bien que leurs frères, qui sont toujours

(1) Ouv. cit. p 108

à la cuisine avec la bonne, et que la mère n'appelle jamais au salon lorsqu'elle reçoit des visites parce qu'ils sont — à l'entendre — mal élevés, sales ou méchants ?

Mais, nous dira-t-on, toutes ces considérations pourront peut-être servir à nous faire entrevoir la raison des crimes contre les enfants, mais elles ne nous expliquent pas pourquoi, le plus souvent, ces crimes sont commis par la mère.

Et c'est pourtant là un fait indiscutable.

— « Dans les tortures et sévices infligés quelquefois par des parents à des enfants qui grandissent, on a remarqué que c'était la femme qui montrait ordinairement le plus de férocité et que c'était l'homme qui montrait une faiblesse et une docilité stupide (1).

— « Cette haine commence chez la femme — dit Despine — et cette passion est plus vivement ressentie par elle que par le mari.

— « Servantes ou institutrices — écrit le Dr Corre — revêtues de la confiance des maîtres, elles s'apitoient sur les enfants qui perdent leur santé et périclitent, versent des torrents de larmes quand ils succombent, et ce sont elles qui, lentement, savourant les souffrances de leurs chétives victimes, les ont amenées à la tombe par

(1) Joly: *Le Crime*, pag 266 — Du même avis, outre Dumas e Aubry, déjà cités, sont Libessart ; *Etude critique sur les sevices envers le enfants*, Duval, *Des sévices et mauvais traitements infliges aux enfants*, Delcasse, *Etude médico legale sur les sevices de l'enfance*, Thèse de Paris 1885, et De Ryckère déjà cité.

le poison, la privation d'aliment ou de sommeil, en les
forçant à avaler des aiguilles. » (1)

Et pourtant l'instinct maternel semble être quelque
chose de bien puissant dans la nature humaine. Auguste
Comte, dans sa théorie cérébrale, le place de suite après
l'instinct sexuel. Le premier rang revenant, d'après ce
philosophe, à l'instinct nutritif qui primerait tout, ce
serait donc la troisième place qui appartiendrait à l'instinct maternel.

Gall, dans son ouvrage sur les fonctions du cerveau,
publié en 1823, lui assignait, avant Comte, une place
analogue. Après avoir étudié longuement l'instinct de la
génération et de la reproduction, l'instinct vénérien, il
aborde l'étude de l'amour de la progéniture : — « La
nature, dit-il, devait assurer, par un autre organe, l'existence et la prospérité des êtres procréés en vertu de l'instinct de la propagation. Dans toute la nature animée il se
manifeste un penchant impérieux à prendre soin des
petits ; nous l'admirons dans l'insecte, et il commande
la vénération jusque dans la tigresse. » — Où est cet
organe ? « J'ai remarqué — continue Gall — que dans
la plupart des têtes de femmes la partie supérieure de
l'occipital recule davantage que dans les têtes ou dans les
crânes d'hommes. Comme cette saillie de la partie supérieure de l'occipital est produite manifestement par le

---

(1) Coiro *Les Criminels*, p 193. Voir à ce sujet le cas cité plus haut de
Mlle Marsden.

cerveau, il s'ensuit que la partie subjacente est, dans la plupart des cas, plus développée chez la femme que chez l'homme. Qu'y avait-il donc de plus naturel que l'idée que cette partie cérébrale fût la coupe matérielle d'une faculté ou d'une qualité se manifestant à un plus haut degré chez la femme que chez l'homme ? Cette qualité serait l'amour de la progéniture. »

Et Gall dit avoir pu constater ce fait que le crâne des femmes qui n'aiment pas leurs enfants ne présenterait plus cette saillie de la partie supérieure de l'occipital.

Quant à nous — tout en ayant la plus vive sympathie intellectuelle pour le grand phrénologue — nous ne pouvons accepter son affirmation que comme une hypothèse, mais non comme une vérité (1).

Et nous sommes d'avis que ce phénomène si étrange qui nous occupe peut s'expliquer, sinon en entier, du moins en grande partie, à l'aide de simples et modestes observations psychologiques.

Le fait que le libéricide est de préférence commis par la mère et non par le père dépend à mon avis de la sphère dans laquelle se déploie l'activité féminine, du milieu intellectuel et moral dans lequel vit la femme. Tandis que l'homme a un champ plus vaste où porter ses sentiments

---

(1) Il est à remarquer que l'on trouve aussi chez les animaux des cas de libéricide : « Une chienne soigne et élève ses petits pendant trois mois, puis un beau jour les emmène dans la campagne et revient seule au logis. On voit des juments refuser de se laisser téter par leur fruit de sorte que celui-ci succombe bientôt. » Voyez Lacassagne, *La Criminalité chez les animaux*, dans la *Revue Scientifique*, 1892.

et ses pensées, la femme, dans la société présente, n'a que le champ restreint de la famille. L'homme vit, lutte, craint, espère pour des *idées* et pour des *choses* et non seulement pour des *personnes* : la femme, au contraire, ne vit et ne lutte généralement que pour des personnes. Elle concentre toutes ses affections sur son mari, ou son amant, ou ses enfants : son monde à elle, c'est la famille, et il est, par conséquent, bien naturel que toutes ses manifestations psychologiques, bonnes ou mauvaises, aient rapport à ce petit monde. Un homme, qui est plein de désirs et de passions en dehors de la famille, peut, s'il commet un crime, le commettre pour un de ces désirs ou une de ces passions ; mais la femme, au contraire, qui n'a avec le milieu extérieur que de forts rares rapports trouve nécessairement bien moins d'occasions de commettre des crimes n'ayant pas rapport aux personnes dont elle partage la vie (1).

Cette même limitation forcée de l'activité psychique féminine est l'une des causes pour lesquelles la femme exagère et porte aux dernières extrémités ses affections et ses haines.

(1) On sait, en effet, que la femme commet moins de crimes que l'homme (en France sur 100 délinquants il y a 14 femmes et en Italie 9) et sa criminalité augmente à mesure que les conditions sociales dans lesquelles elle vit se rapprochent de celles de l'homme. Par exemple, en Silésie et dans la Baltique, où les femmes partagent les luttes et les travaux des hommes, la criminalité féminine atteint le maximum. Inutile du reste d'insister sur ces faits, connus de tous — V. Colajanni, *Sociologia criminale*, II, p. 96 et suiv., Lombroso et Ferri, *L'omo delinquente* et *Nuovi orizzonti*, et la toute récente étude de Roncoroni, *Sesso e criminalità* dans la *Scuola positiva*, II, fasc. 10-11.

Et l'on observe désormais communément que la femme
est toujours ou meilleure ou plus méchante que
l'homme (1). Il semble qu'elle ne connaisse pas le juste
milieu. Si elle aime, aucun sacrifice n'est trop grand
pour son amour, si elle hait, aucun supplice n'est trop
grand pour l'objet de sa haine.

Or, cette exagération, qui est la note caractéristique
de la psychologie féminine, vient, selon moi, de ce fait
que la femme ne peut, comme l'homme, *disperser* ses
sentiments affectifs sur beaucoup de personnes ou de
choses, mais qu'elle doit les *concentrer* sur un petit
nombre de personnes. Etant *moins dispersée* son
affection en sera donc plus *intense,* dans le bien comme
dans le mal. Son cœur a la clarté de l'incendie ou l'obscurité de la caverne ; elle passe des sublimes régions de
la tendresse a la cruauté la plus brutale et la plus raffinée; c'est un ange ou un démon. Elle s'élève au plus
haut degré de la charité chrétienne ou descend jusqu'à
mériter le nom de tigre ou de hyène (2).

Et voilà pourquoi l'affection d'une mère dépasse toutes
les autres affections, mais sa haine aussi est plus forte que
toutes les autres haines (3).

(1) V. Mantegazza *Fisiologia dell'odio*, Milan, Treves, 1889 ; Dora d'Is-
tria, *Des femmes par une femme*, Paris, Lacroix, 1865, l'on pourrait encore
citer une foule de noms de penseurs et d'artistes

(2) Le D' Dumas, dans son étude citée plus haut, accepte entièrement
cette explication.

(3) Il y a bien d'autres causes qui font la femme exagérée dans le bien
comme dans le mal   son irritabilité, son impulsivité, le défaut d'inhibi-

Il n'existe malheureusement pas de statistiques assez détaillées pour nous donner le nombre exact des crimes commis par les mères contre leurs enfants, mais il suffit de lire les faits-divers d'un journal pour rester fixé, non seulement sur leur fréquence, mais aussi sur la façon atroce dont ils sont commis.

Il y a quelque temps, c'était Lady Montagu — belle-fille de Lord Robert Montagu, homme politique et écrivain bien connu — qui, pour punir sa petite fille âgée de *3 ans*, lui liait ses petites mains derrière le dos, lui passait autour du cou une corde qu'elle fixait à un anneau scellé à la muraille, et la laissait en cet état enfermée pendant trois heures dans une chambre. A son retour Lady Montagu trouva l'enfant morte ; elle s'était étranglée en voulant se débarrasser de la corde qui lui serrait le cou (1).

En 1875 — la femme Bouyon est condamnée à mort, à Cahors, pour avoir tué ses sept enfants à coups d'aiguilles.

En 1888, on guillotina à Tubingue (Allemagne), une femme F. Langheinz, qui avait tuée sa belle-fille, âgée de 8 ans : elle avait employé un moyen particulièrement cruel, elle avait arrosé l'enfant d'huile et l'avait brûlée.

tion, etc. Je me suis borné à indiquer ici la cause psychologique Voyez sur la psychologie féminine la remarquable étude de M Guillaume Ferrero *La crudeltà e la pietà nella femmina e nella donna*, qui fait partie de l'ouvrage de Lombroso et Ferrero *La donna delinquente*, Turin, Roux, 1893.

(1) Du journal romain l'*Italie* du 20 mars 1892

Au mois de février 1889, une mère dénaturée était arrêtée à Milan, pour nombreux sévices exercés contre ses enfants. Cette femme, nommée Cagnoni, âgée de 42 ans, obligeait ses enfants à des travaux au-dessus de leurs forces. Sa fille Adeline, âgée de 9 ans, tomba d'épuisement : pour la faire travailler, la femme Cagnoni la frappa si rudement que la pauvre enfant mourut deux jours après.

Un autre de ses enfants ne vécut que cinquante jours et l'on assure qu'elle lui avait fait avaler par force une certaine quantité de riz bouilli qui l'étouffa.

Mais ces odieuses tortures s'exerçaient surtout contre sa fille Caroline, qu'elle appelait « *la noire* ». On a découvert que depuis plus de deux ans cette pauvre martyre vivait enchaînée dans une arrière-boutique ; les pieds nus sur la pierre, elle était attachée par le cou, les bras, les jambes. Une nuit, la prisonnière, trompant la surveillance de son bourreau, allait prendre la fuite, mais la marâtre s'en aperçut et, redoublant de barbarie, ne la détacha plus dès ce moment (1).

Au mois de mai de l'année dernière, la Cour d'assises de Rome, condamnait à 30 ans de travaux forcés Eléonore Lucci, qui, après avoir tourmenté de la façon la plus obscène son petit garçon de 18 mois, lui fit battre la tête contre le mur, et le jeta, à demi-mort, sur des charbons ardents.

(1) Raymond de Ryckere, ouvr. cit.

Le 28 octobre 1891, le Tribunal correctionnel de Frosinone, jugeait Marie Caporilli, accusée d'avoir frappé à coups de poing sur un enfant de *11 mois* qu'elle nourrissait, et de lui avoir fait des blessures qui ne guérirent qu'en 14 jours — et la condamnait, donnant preuve d'une scandaleuse indulgence, à 5 mois de prison seulement !

Le même Tribunal, le 23 décembre 1891, usait, dans un cas analogue, mais bien plus grave, d'une indulgence plus grande encore. Une nommée Marianne Ferri, ayant déjà subi une condamnation de 2 ans et 8 mois pour vol, — femme d'un caractère violent, turbulente, et de mauvaise réputation — (ce sont les paroles de la sentence), comparaissait devant les juges, inculpée de mauvais traitements sur sa fille âgée de 1 an. On trouva de nombreuses blessures sur le corps de la petite ; et l'on vint à savoir que la mère se levait pendant la nuit, enlevait sa fille du berceau et, la jetant par terre, la rouait de coups. Le Tribunal, malgré tous ces horribles détails, aurait voulu appliquer le *minimum* de la peine (qui aurait été de 1 an) mais ce *minimum* ne pouvait s'appliquer à cause de la récidive générique de l'accusée, et alors le Tribunal, au lieu que de 1 an, partit de 1 an et 3 jours dans la supputation de la peine et avec le concours des circonstances atténuantes condamna la femme Ferri à 10 mois et 1 jour de réclusion !

Or, même en laissant de côté l'immoralité d'accorder

des circonstances atténuantes à ce monstre, cette sentence, plus encore qu'immorale, est grotesque et absurde en partant du *minimum* plus 3 jours, vu que la loi ne permettait pas de partir du *minimum*. N'est-ce pas là se moquer du bon sens et de la volonté du législateur, que d'augmenter la peine seulement de 72 heures en pareil cas ?

La liste des mères infâmes pourrait encore continuer, et nous pourrions aussi continuer (1), à prouver que les juges sont en général assez doux envers ces criminelles. Mais à quoi bon ? Il serait inutile d'écrire pour soulever l'indignation contre les femmes libericides, car notre cause serait gagnée d'avance, et nous n'ajouterions rien à la conviction du public qui, désormais, est solidement affermie.

Il vaudra mieux plutôt prouver par des exemples, que la femme n'est pas toujours seule à martyriser le pauvre petit, mais qu'elle pousse à s'associer à son crime son mari ou son amant.

Nous avons déjà vu qu'Aubry, dans les quelques lignes

---

(1) Voir les cas énumérés par Aubry, Dumas, Duval, Libessart et de Ryckere, dans leurs ouvrages déjà cités. Corre, *Le Crime au pays créole,* cite le cas d'une femme qui, ayant vu sa petite fille tirer une pomme de de terre des cendres chaudes, saisit l'enfant et lui tint la main plongée dans les charbons ardents pendant quelques minutes Une autre longue série de faits a été recueillie par Alfred Fabrizi, dans sa brochure · *Attilio Luzzatto e la protezione dell'infanzia,* Roma 1892. — Attilio Luzzatto, député à la Chambre italienne et directeur du journal *la Tribuna* est l'un des plus fervents apôtres du soulagement de l'enfance abandonnée et maltraitée.

où il essaye, sans y arriver, de faire l'analyse du libéricide, remarque que lorsque l'homme aussi participe à ce crime il n'y est que complice et ne joue qu'un rôle secondaire.

Despine l'avait précédé dans cette observation, en examinant quelques cas de mauvais traitements infligés à des enfants par leurs parents.

« Les époux F. — raconte Despine — ont cinq enfants, dont l'une Joséphine est l'objet de leur haine (1), mais c'est surtout la mère qui manifeste son aversion en la mettant continuellement à la torture : elle et son mari tiennent l'enfant dans la cave, ne lui donnent que du pain et de l'eau, et la battent tous les jours. (2)

« Les époux Nicolas et Rose Defer, ont aussi cinq enfants et ils haïssent l'un d'entre eux, une fille nommée Adeline. Les infamies qu'il commettent sur elle peuvent à peine se raconter. On trouva sur son pauvre petit corps des blessures faites à l'aide d'instruments tranchants et contondants, et des brûlures dues au contact de fers rouges ou de charbons ardents. A peine les blessures commençaient-elles à se fermer, les Defer les ravivaient à l'aide du feu et des acides. Une fois, ils suspendirent Adeline au plafond d'une chambre et la fouettèrent. Toutes les nuits ils l'enfermaient dans une caisse dans laquelle

---

(1) Nous rappelons ici ce que nous avons observé plus haut au sujet de l'antipathie que les parents ayant plusieurs enfants, ressentent pour l'un d'eux.

(2) *Psychologie naturelle*, vol. III, page 54.

l'air ne pénétrait que par un soupirail. Un soir les parents la firent se coucher par terre, et le père, d'après les instigations de la mère — c'est vraiment horrible à dire — lui introduisit un morceau de bois dans la vulve et l'y laissa pendant quelques minutes. (1)

« Les époux Loret firent mourir dans des tourments analogues un de leurs enfants. Loret s'était marié en seconces noces à Marie X., et ce fut cette mégère qui, l'ayant dominé, le força à torturer le fils du premier lit. Je fais grâce des détails au lecteur. (2)

« Le père de l'enfant, ajoute Despine, nous présente un exemple remarquable de ces êtres sans caractère qui ont, pour ainsi dire, tous les sentiments bons et mauvais, mais tous extrêmement affaiblis ; ces éléments instinctifs n'acquièrent de l'activité et de l'énergie que sous l'influence de causes qui les excitent vivement, et parmi lesquelles l'exemple doit se placer au premier rang. Ces personnes deviennent l'image de ceux qui partagent leur vie. »

Les paroles de Despine, ce profond psychologue, sont par elles-mêmes suffisantes à prouver que le phénomène de la suggestion à deux, que nous avons déjà observé dans tant d'autres crimes a également lieu pour les mauvais traitements infligés aux enfants, — et nous disent

(1) Ouvr. et vol. cit., page 57.
(2) Ouvr et vol. cit., page 60.

qu'il faut aux autres couples criminels déjà examinés,
ajouter le *couple libéricide*.

Après ce que nous avons dit dans les chapitres qui
précèdent, nous croyons inutile d'expliquer davantage ici
le rapport psychologique qui s'établit entre une mère
perverse et un père faible ; le lecteur sait déjà comment ce
lien vient à se former et comment il s'affermit peu à peu.

L'activité psychologique féminine que nous avons vue
se concentrer tout entière dans les sentiments de la
famille, et d'autre part l'activité psychologique masculine
plus dispersée, tout en nous expliquant à elles seules pourquoi la femme éprouve plus fortement que l'homme l'affection et la haine pour ses enfants, nous expliquent aussi
pourquoi le mari est souvent entraîné à partager les pré-
ferences ou les antipathies de sa femme pour ses enfants
ou, du moins, à ne pas s'y opposer. Ses sentiments sont
moins profonds et moins énergiques, et par conséquent
c'est lui qui cèdera le plus souvent.

Imaginons-nous ces conditions générales portées au
dernier degré dans un cas spécial — et nous pourrons
facilement nous rendre compte de la physionomie que
prend le *libéricide* commis par le père et la mère.

Du reste, je le répète, il est inutile d'en dire davantage
à ce sujet.

Il nous suffira de citer d'autres faits qui donnent
encore plus de poids à ceux que nous avons observés
jusqu'ici.

La clameur suscitée en France par le procès des époux Borlet, les bourreaux de leurs deux petites filles, est encore dans toutes les mémoires. La peine trop légère à laquelle le Tribunal correctionnel de la Seine condamna ces deux monstres (à six mois la mère, et à deux le père) fit un énorme scandale en France, la presse s'indigna contre cet arrêt qui était une insulte et une ironie, et deux députés, MM. Leydet et Engurant, présentèrent à la Chambre un projet de loi qui proposait de deférer aux jurés cette sorte de crimes (1).

Eh bien ! le procès Borlet reproduit dans la personne de ses deux prévenus les deux types de l'*incube* et du *succube*. La mère est la principale accusée ; le mari s'en était tenu à tolérer ses infamies. C'est déjà un grand crime que de tolérer, dans des cas semblables, mais cela prouve du moins la perversité moindre de l'homme, un être faible qui avait peur de sa femme, de son énergie et de sa brutalité.

Elle tortura ses deux petites filles, l'une âgée de 9 ans et l'autre de 4, mais c'est surtout sur l'aînée qu'elle exerçait sa cruauté.

En femme prudente et rusée qu'elle était, cette mégère évitait les contusions et les plaies qui auraient pu faire découvrir ses mauvais traitements à ses voisins, et voilà pourquoi elle avait l'horrible précaution de relever les

---

(1) Le Procureur de la République appela du jugement du Tribunal, et la Cour d'appel, en augmentant la peine, diminua le scandale.

jupes de sa victime pour lui brûler le ventre et les cuisses au fer rouge. Lorsque la blessure semblait vouloir se fermer, la femme Borlet la ravivait par des aspersions d'essence de térébenthine ou de vinaigre. Elle disait aux voisins, pour justifier les cris horribles de sa fille pendant ces supplices, qu'Adolphine avait de vilaines habitudes et qu'elle se voyait forcée de la corriger constamment. Heureusement l'enfant put un jour se traîner seule jusqu'à l'école. La maîtresse en voyant qu'elle pouvait à peine marcher et qu'elle souffrait, se mit à la questionner. Adolphine baissa la tête et se mit à pleurer : la maîtresse avait perdu espoir de ne rien tirer d'elle, lorsqu'elle vit quelques gouttes de sang tomber à terre de dessous la robe de l'enfant. Pleine de frayeur elle la déshabilla et poussa un cri d'horreur.

Le corps de l'enfant n'était qu'une plaie ! (1)

Quelque temps après ce procès parisien qui fit tant de bruit, un autre presque identique, quoique moins célèbre, se déroulait en Italie.

Devant le Tribunal correctionnel de Grosseto, comparaissaient les époux Assunto Fommei et Sophie Bigi, sous l'accusation de mauvais traitements infligés à une pauvre petite créature de 16 mois, fruit d'un premier

---

(1) Le 17 mai 1892, le Tribunal correctionnel de Paris jugeait un cas analogue a celui des époux Borlet Une nommée Villain et son amant Géraud furent condamnés, la première, à un an de prison et le second à deux mois, pour avoir torturé un enfant de 5 ans que la fille Villain avait eu d'un autre amant. — Voir *Gazette des Tribunaux* du 18 mai 1892

mariage de Fommei et que sa seconde femme ne pouvait souffrir.

Le cynisme et l'air méprisant de cette femme à l'audience, faisaient un vif contraste avec l'humilité et le repentir de son mari, un pauvre homme qui s'était laissé dominer.

Lorsque cette mégère entendit sa condamnation à deux ans de prison, elle cria à la foule : « Est-ce que les prisons sont faites pour les agneaux ? » « *Le prigioni non son mica fatte per le agnelle* ! » (1)

Au mois d'avril 1892, le Tribunal correctionnel de Rome jugeait deux époux qui avaient torturé leur fils âgé de 7 ans : c'était encore la mère qui était la plus féroce : qu'il suffise de savoir qu'elle lui introduisait dans l'urèthre un fer mince et allongé jusqu'à ce que l'enfant se pâmât de douleurs ; et elle osait dire, cette mère dénaturée, qu'elle voulait le guérir du défaut qu'il avait d'uriner au lit !

Au mois de juillet 1891, le Tribunal de Frosinone, condamnait les époux Rose Rossi et Augustin Martini, pour les mauvais traitements infligés à leur fille âgée de 2 ans. Le père ne la frappait que légèrement, et il laissait faire sa femme, qui tenait l'enfant suspendue par les pieds, la tête en bas et, dans cette position, lui donnait des gifles et des coups de poing !

Et on a donné à cette femme 50 jours de détention !

---

(1) V. le journal *La Tribuna*, du 15 mars 1892.

Mais à quoi bon insister sur ces exemples, où la cruauté des coupables se trouve à la hauteur de la honteuse indulgence des juges ! (1)

Du reste, les tourments que les parents peuvent infliger à leurs enfants, ne s'arrêtent malheureusement pas ici. Parfois ils ne se contentent pas de faire souffrir et de tuer ces pauvres créatures : ils veulent d'abord leur souiller l'âme et le corps, et vendre leur innocence au profit des intérêts les plus bas.

Le procès Fallaix, — le plus répugnant que j'aie jamais lu — fait voir à quel point peut arriver la cruauté du couple libéricide.

La femme Fallaix, concierge d'un hôtel garni de Paris, avait pour amant un nommé Dubosc, à peine sorti de la maison centrale, où il avait subi trois ans de prison

(1) On peut trouver d'autres cas de libéricide dans l'ouvrage déjà cité de Aubry. Je m'en suis tenu à rapporter les cas que j'ai personnellement recueillis. J'ai observé que de *neuf* exemples énumérés par Aubry de libéricide commis par deux personnes, un est commis par une mère et une fille sur leur fille et sœur cadette, et un autre par le père et la fille sur leur fille et sœur cadette Deux autres cas, tout en étant commis par le mari et la femme, présentent le phénomène inverse de celui que nous avons observé · c'est, cette fois, le mari qui pousse sa femme à torturer ses enfants « La femme Boudry, sous les menaces de son mari, tue son enfant que le père déclare n'être pas à lui (Roubaix, juillet 1888) , la femme Brunet empoisonne son enfant avec la liqueur de Fowler pour obéir, dit elle, aux menaces de son mari qui savait que cet enfant était d'un autre » (Assises du Cher 1889) — Deux cas, que rapporte également Tardieu, sont cités dans les brochures récentes du Dr Dumas et du Dr Duval (Storck éditeur, 1892) , les époux Didier, qui torturent leur fille aînée âgée de 11 ans, et les époux Vavasseur, qui maltraitent leur fils Edgard, (V. Dumas, ouv. cit pages 80 81, et Duval, ouvr. cit page 19) Un autre couple criminel est enregistré par Raymond de Ryckere, ouvr cité dans la *Belgique judiciaire*, (Affaire Lacroix)

pour abus de confiance. Dubosc (qui avait trouvé une place de comptable dans une banque, quand tant de braves gens meurent de faim), gagnait 300 francs par mois. Le mari, l'amant de sa femme étant relativement riche, se résigna à l'adultère. Dubosc faisait aller la maison et menait vie commune avec le ménage. Après un an pourtant, il se fatigua de sa maîtresse ; elle avait 40 ans, et il désirait *quelque chose de moins vieux*. Alors, pour le retenir, elle lui jeta dans les bras. qui ? sa fille, sa fille Eugénie, qui n'avait pas encore quatorze ans. L'enfant, une bonne petite nature, honnête et douce, résistait aux infâmes suggestions de sa mère. Alors, un dimanche soir, la femme Fallaix, aidée par son mari, introduisit Eugénie dans la chambre de Dubosc et ils lui ordonnèrent de se dévêtir. Elle refusa obstinément en sanglotant. Alors sa mère la frappa avec une odieuse brutalité, et la déshabilla elle-même, la forçant de se coucher dans le lit de celui qui lui était imposé comme premier amant. Mais quand Dubosc entra dans la chambre et voulut s'approcher d'elle, l'enfant eut une dernière révolte. Elle bondit hors du lit, se tordit dans un coin de la chambre et resta là toute la nuit, menaçant de se briser la tête contre la muraille si on ne la laissait pas en repos.

Pendant une semaine la même scène atroce se renouvela. Dubosc voulait l'enfant, mais il avait peur d'elle. Ce fut la mère qui, par ses railleries et ses exemples obs-

cônes, l'amena enfin à triompher de ces terreurs, que sou-
levait en lui un dernier reste de pudeur. Dubosc finit par
se rendre maître de la petite fille, il la traîna par les poi-
gnets dans son lit.... et le lendemain matin, vainqueur
généreux, il donna cent francs à la mère !

Désormais Dubosc partagea ses nuits entre la mère et
la fille, mais naturellement, c'était cette dernière qui était
la favorite. Il se passa alors quelque chose de fatal : la
mère devint jalouse de sa fille ; et dans ses accès de rage
elle battait la petite, qui en arriva, à force de vices et de
mauvais traitements à une sorte d'hébétement et de stu-
peur. Elle devint malade et un jour, prise d'un étourdis-
sement, elle tomba morte.

Les rapports médicaux ont établi qu'elle avait suc-
combé à une de ces maladies intérieures que fait naître la
débauche précoce, la débauche poussée aux dernières
limites.

La femme Fallaix et Dubosc comparurent devant la
Cour d'assises. Le mari qui avait tout toléré était mort
rongé par l'alcoolisme quelques jours après sa fille. Les
deux coupables auraient dû être poursuivis pour assassinat, mais la loi ne permettait de les atteindre que pour
excitation de mineure à la débauche. Et ils furent condamnés à cinq ans de prison seulement.

La femme Fallaix, le soir même de la mort de sa fille
avait dit à Dubosc : — « *Enfin, nous allons pouvoir
vivre en paix !* » — et elle avait voulu aller rejoindre

Duboso dans le lit dressé près du lit de la morte ; ce fut lui qui dut la repousser. (1)

J'ai cru devoir résumer les faits de ce procès monstrueux, car il laisse entrevoir comment — on n'arrive même pas le plus souvent à le soupçonner — les parents peuvent attenter à la vie de leurs enfants. Le libéricide n'a pas encore été considéré sous cette forme indirecte, qui, à mon avis, est plus grave que le meurtre ou l'assassinat commis à l'aide de moyens matériels.

Qui sait combien de crimes semblables à celui des époux Fallaix restent ignorés, parce que l'enfant plus heureuse — ou plus malheureuse — qu'Eugénie, ne meurt pas ! Qui sait combien de drames analogues, aux teintes moins foncées, se déroulent chaque jour dans certaines familles, dans lesquelles à côté d'une femme dépourvue de tout sentiment et de tout principe moral,

Che è madre in parto ed in voler matrigna

comme dit Léopardi, le grand poète italien, — se trouve un homme qui tolère tout, dans sa lâcheté, et qui devient aisément complice des infamies pensées et commises par cette mégère !

(1) Bataille *Causes crim. et mond de 1882,* page 24 et suiv.

III

Quels peuvent être les remèdes à ces crimes ?

Avant tout, une plus grande sévérité dans la répression. En Italie comme en France la loi ne se trouve certes pas en défaut sur ce point ; les articles du Code fixent des peines qui, dans leur latitude, répondent au but et aux besoins de la justice. Malheureusement ces peines ne peuvent s'appliquer que rarement, car la nouvelle des crimes dont sont victime les enfants n'arrive pas, la plupart du temps, jusqu'à l'autorité judiciaire, et lorsqu'on les applique c'est seulement à leur *minimum*, car c'est là généralement une pénible prérogative des juges et des jurés que d'être indulgents envers les véritables malfaiteurs et sévères envers les criminels moins dangereux, et, de plus, parce que ces crimes changent presque toujours de physionomie à l'audience.

Notre conscience morale est si peu solide et le sentiment de solidarité est si faible, que nous nous croyons rarement en devoir de dénoncer un criminel, persuadés, dans notre orientale indolence, que c'est là exclusivement l'affaire de la police. (1)

(1) Ennemi comme nous le sommes de tout chauvinisme, et ne croyant pas faire chose antipatriotique en avouant franchement nos défauts, — d'autant plus qu'ils sont, à notre avis, compensés par bon nombre de qua-

Nous n'osons pas, à plus forte raison, dénoncer à la justice les parents dénaturés, même si les faits sont notoires et si nous nous trouvons en mesure d'en fournir les preuves.

Les voisins entendent peut-être bien les cris des enfants battus, peut-être même le crime est-il consommé sous leurs yeux, mais ils se taisent. Les uns ont peur, les autres craignent de s'attirer quelque mauvaise affaire et de prendre une responsabilité quelconque. Ils peuvent du reste, pour justifier cette conduite coupable et lâche, s'appuyer sur des aphorismes qui présentent un faux air de maximes de droit et de liberté : *nous n'avons pas à nous mêler des affaires des autres — Charbonnier est maître chez lui — le foyer est sacré*, et l'on va jusqu'à avoir recours à la grande âme de Royer-Collard pour interpréter faussement sa fameuse phrase: « La vie privée doit être murée. » (1)

Et pendant ce temps les pauvres petits martyrs conti-

lités, — nous avouons volontiers que cette indolence dont nous parlons plus haut est principalement le propre des Italiens. En France, tous, depuis la presse jusqu'au simple citoyen, éprouvent le besoin plus ou moins impérieux de venir en aide à la justice, et l'on a moins peur de la vérité. Il suffit, pour s'en persuader, de comparer le scandale du Panama au scandale financier qui a éclaté à Rome dernièrement.

(1) Ces pauvres arguments ont été également soutenus par d'illustres juristes italiens à l'occasion de la polémique qui divisa en deux camps la presse italienne en automne 1891 à propos du procès en diffamation fait au journal romain *La Tribuna* par les époux B., que ce journal accusait de mauvais traitements sur un de leurs enfants *La Tribuna* est le premier journal de la péninsule qui, grâce à son directeur, l'avocat Attilio Luzzatto, ait su entreprendre courageusement une campagne en faveur de l'enfance maltraitée.

nuent à souffrir jusqu'au jour où un homme de cœur
arrive enfin à rompre le silence, où le hasard fait connaître à la police les infamies dont ils sont victimes.

A peine la justice intervient-elle, on voit s'opérer un
changement à vue. Tous ceux qui n'avaient pourtant pas
ou le courage de prendre l'initiative, sont alors du moins
assez sincères pour dire ce qu'ils savent : les langues se
délient et la colère et la haine envers le père ou la mère
qui ont tourmenté leur enfant se déchaînent d'autant plus
furieusement qu'on a plus longtemps gardé le silence par
crainte ou par intérêt.

Mais ce n'est là généralement qu'une flambée ; aussi
à l'audience un nouveau changement à vue s'opère-t-il.

La vive impression produite par la brutalité du fait
s'est déjà affaiblie, puis l'enfant n'est plus souffrant, ses
blessures sont cicatrisées, et il va bien. Donc, pense-t-on,
le mal n'a pas été si grand. D'autre part, pourquoi
accabler les coupables ? Ils sortiront un jour ou l'autre de
prison, même s'ils sont condamnés, et il est inutile de
s'en faire des ennemis. On peut ne dire ce que l'on sait
qu'en partie, et le dire d'une façon douteuse.

L'enfant, l'accusateur principal, a, de son côté, une
répugnance instinctive à accuser ses parents ; le président l'a bien averti qu'il faut qu'il dise *toute la vérité*,
mais quelqu'un est toujours là pour l'effrayer, en lui
disant qu'il peut, par un seul mot, envoyer son père ou sa
mère au bagne. Et il fait alors, lui aussi, une déposition

douteuse, hésitante ; les juges arrivent à soupçonner
qu'il exagère, si toutefois il ne ment pas, et naturellement ils ne condamnent pas, ou, s'ils condamnent, c'est à
des peines insignifiantes (1).

Voilà ce qui arrive malheureusement la plupart du
temps, ce qui viendrait prouver une fois encore, s'il était
nécessaire, que la répression est une arme bien faible,
non seulement parce qu'elle ne frappe le mal que lorsqu'il
est déjà fait, mais encore parce qu'elle n'arrive pas à le
frapper comme elle le devrait et qu'elle perd par conséquent l'un de ses caractères les plus utiles : l'exemple.

Jamais, en effet, les quelques jours de prison infligés
aux parents dénaturés n'arriveront à inspirer nulle
frayeur, d'autant plus que le droit d'appel laisse ces
jugements sans exécution immédiate et que la peine peut
être diminuée.

Ce n'est donc pas dans la punition qu'il faut chercher le
véritable remède à ces crimes.

Cette vérité a été comprise en France et en Angleterre,
où on a vu naître des sociétés qui ont pour but de secourir
les enfants abandonnés matériellement et moralement et
d'empêcher de telle sorte la férocité des parents de se
déchaîner contre eux (2).

(1) Voir Tomel et Rollet · *Les enfants en prison*, déj. cit.

(2) C'est à l'Amérique, sauf erreur, qu'est due l'idée de cette Société. En
1851 M. Charles Loring jeta aux Etats Unis les bases de la *Children Aid
Society*, qui, comme toutes les grandes œuvres, eut des débuts fort
modestes ; son premier capital, en effet, n'était que de 50 dollars. Elle possé-

En 1880 Georges Bonjean fonda à Paris la *Société générale de protection pour l'enfance abandonnée et coupable*, et en 1888 prenait naissance l'*Union française pour la défense des enfants maltraités*, que l'on doit à l'initiative de Mmes Pauline Kergomard et Caroline de Barrau (1).

L'enfant pouvant être en butte aux mauvais traitements dès sa naissance, M. Roussel, député à l'Assemblée nationale, déposa sur cet objet une proposition, qui devint la loi du 23 décembre 1874 et porte son nom ; le décret du 27 février 1877 vint ensuite en régler les détails d'exécution. Aux termes de cette loi, « tout enfant, âgé de moins de deux ans, qui est placé, moyennant salaire, en nourrice, en sevrage ou en garde, hors du domicile de ses parents, devient par ce fait l'objet d'une surveillance de l'autorité publique, ayant pour but de protéger sa vie et sa santé ». Après avoir posé ce principe, la loi dit en résumé que :

dait, en 1883, six lodging houses, dans lesquelles pendant 29 ans ont été élevés et logés 250,000 enfants. — Voir, à ce sujet, Nusse *La New-York Society for the prevention of cruelty to Children*, dans le *Bulletin de la Société de Protection des apprentis et enfants employés dans les manufactures*, 1884, page 225.

(1) Ces sociétés ne pouvaient faire en France tout le bien qu'elles se proposaient, car l'autorité paternelle n'était pas suffisamment limitée et les fils ne pouvaient être enlevés au père, même s'il s'était montré indigne de les élever. Ce n'est qu'après la loi du 24 juillet 1889 que ces sociétés purent exercer leur bienfaisante influence, en prenant sous leur garde, avec l'autorisation des Tribunaux, les enfants maltraités et en assumant sur eux par délégation l'autorité paternelle. — Voir R. Lagrange, *Les enfants assistés en France* Commentaire de la loi du 24 juillet 1889, Paris, Girard 1892 ; et consulter également à ce sujet Ugo Conti, *Note di viaggio*, dans la *Rivista penale* du mois de mai 1891.

1° Les parents qui font élever leurs enfants en bas-âge au dehors, d'une part, et les femmes qui élèvent ces enfants, moyennant salaire, d'autre part, sont tenus d'en faire la déclaration dans les formes indiquées par le législateur ;

2° Les personnes auxquelles sont confiés les nourrissons, et celles qui exercent la profession d'intermédiaire pour le placement en nourrice, en sevrage ou en garde, sont assujetties à diverses obligations ou justifications ;

3° Enfin une surveillance régulière est organisée pour assurer des soins assidus aux enfants. Pour parfaire à cette loi, un conseil d'inspection médicale est constitué.

Vient ensuite la catégorie des enfants dits *Enfants assistés*, que les lois ont rangé en trois classes : 1° les enfants assistés proprement dits ; 2" les enfants secourus temporairement ; 3° les enfants maltraités ou moralement abandonnés. 1° Les enfants assistés proprement dits comprennent, aux termes du décret du 19 janvier 1811, toujours en vigueur : les enfants trouvés, les enfants abandonnés, les orphelins pauvres. L'exposition ayant pour objet un enfant de moins de 7 ans est punie par le Code pénal de peines plus ou moins sévères, selon le lieu d'exposition. Toute personne qui trouve un nouveau-né est tenue de le remettre à l'officier de l'état-civil, qui doit l'envoyer à l'hospice dépositaire le plus proche. Ces hospices dépositaires sont désignés par arrêté préfectoral ; tout département est tenu d'en avoir au moins un. A leur

entrée à l'hospice, les nouveaux-nés sont remis provisoi-
rement à des nourrices sédentaires, ou à défaut, allaités
au biberon ; dès qu'il est possible, on confie chacun d'eux
à une nourrice habitant la campagne. Ils doivent rester
en nourrice ou en sevrage jusqu'à leur sixième année, et
alors être mis en pension chez des cultivateurs et artisans.
Moyennant une pension fixée par le Conseil général, ils
y restent jusqu'à leur treizième année. Arrivé à cet âge,
l'enfant devrait, aux termes de la loi de 1811, être mis à
la disposition du ministre de la marine ; ces dispositions
ne sont pas observées de nos jours, et l'enfant est mis par
l'Administration en apprentissage, chez un cultivateur
autant que possible ; on a même essayé de créer des colo-
nies agricoles pour les y envoyer. Tous les enfants assistés proprement dits, admis à titre permanent dans les
hospices, sont sous la tutelle des commissions adminis-
tratives. Il existe un corps d'inspection des enfants assistés, nommé par le ministre de l'Intérieur, qui exerce
d'une façon générale une surveillance continue sur toutes
les parties du service des enfants assistés. — 2° Les
enfants secourus temporairement sont des enfants qui,
restant dans leur famille, bénéficient de secours accordés
pendant un temps plus ou moins long par l'Administration à leurs parents pour que ceux-ci puissent les
élever. Les secours temporaires sont accordés généralement aux mères d'enfants légitimes ou naturels recon-
nus en bas âge.

Ils sont d'ordinaire maintenus pendant trois ans.

3° Quant aux enfants maltraités ou moralement abandonnés, ces mots seuls indiquent la catégorie d'enfants
que vise la loi : ils sont protégés par la *loi du 24 juillet
1889* qui proclame la *déchéance paternelle* dans certains délits qu'elle énumère. Avant cette loi, les seuls cas
de déchéance de la puissance paternelle étaient : une
condamnation pour avoir excité, favorisé ou facilité la
prostitution ou la corruption d'un de leurs enfants ; là,
la déchéance était encourue de plein droit ; de plus, elle
était facultative pour les parents ayant commis une
infraction à la loi sur la protection des enfants dans les
professions ambulantes. Actuellement sont de plein droit
déchus de la puissance paternelle : 1° Les père et mère
condamnés pour la cause indiquée ci-dessus (corruption) ;
2° les père et mère condamnés soit comme auteurs, co-
auteurs ou complices d'un crime commis sur un ou par
un de leurs enfants ; 3° les père et mère condamnés deux
fois comme auteurs, co-auteurs ou complices d'un délit
commis sur un ou plusieurs de leurs enfants ; 4° les père
et mère condamnés deux fois pour excitation de mineurs
à la débauche. La déchéance est facultative pour : 1° Les
père et mère condamnés aux travaux forcés ou à la réclusion ; 2° les père et mère condamnés deux fois pour un des
faits : séquestration, suppression, exposition ou abandon
d'enfant, ou pour vagabondage ; 3° les père et mère
condamnés pour récidive du délit d'ivresse manifeste, ou

pour infraction à la loi sur la protection des enfants dans les professions ambulantes ; 4° les père et mère condamnés une première fois pour excitation habituelle de mineurs à la débauche ; 5° les père et mère dont les enfants ont été conduits dans une maison de correction, par suite de l'article 66 du Code pénal (défaut de surveillance) ; 6° les père et mère qui, par leurs habitudes d'ivrognerie, leur inconduite notoire ou de mauvais traitements compromettent soit la santé, soit la moralité de leurs enfants. Une fois la déchéance encourue, la loi de juillet 1889 règle aussi la situation juridique de l'enfant.. Quand la déchéance facultative a été prononcée par un tribunal, le même jugement règle le sort de l'enfant, pour savoir si la mère exercera la puissance paternelle, ou si le mineur sera soumis à une tutelle de droit commun, ou à la tutelle de l'Assistance publique ; dans les cas de déchéance de plein droit, la chose est à peu près identique, sauf que le sort de l'enfant peut ne pas être réglé par le même jugement qui a prononcé la déchéance. Si la mère n'exerce pas la puissance paternelle, si le mineur n'est pas soumis à une tutelle de droit commun, la tutelle est exercée par l'Assistance publique, représentée, à ce point de vue, par les inspecteurs départementaux des enfants assistés. Enfin la tutelle peut être confiée par le tribunal officieusement à une personne qui la solliciterait.

Telles sont les grandes lignes des lois ou décrets qui

organisent actuellement le service des enfants assistés en France.

En Angleterre, un apôtre, le Révérend Benjamin Wangh, fonda il y a huit ans une Société analogue aux sociétés françaises (1). Brandbaug avait, le premier de tous, démontré que les crimes domestiques étaient les plus difficiles à découvrir, vu qu'ils sont commis au sein de la famille ; et il avait pour la première fois proclamé le devoir d'y pénétrer et de mettre à la lumière du jour les turpitudes qui se cachent dans l'ombre.

Wangh réalisa ces idées, en fondant son *Union*, qui compte dans toute l'Angleterre 80 sous-comités et 60 inspecteurs-voyageurs qui, en moyenne, ont 600 affaires par an chacun.

Ce qui caractérise cette société, c'est que tout parent condamné pour avoir maltraité ses enfants reste sous la surveillance des agents de Wangh, qui distribuent aux voisins de l'enfant des cartes postales, portant d'un côté l'adresse de la Société, et de l'autre le numéro par lequel le père ou la mère coupable figurent dans les registres de la Société susdite.

_____

(1) En 1871, le Dr Bernardo avait déjà fondé à Londres l'*Asile pour les Enfants des deux sexes abandonnés* (*Home for destitute lads and girls*). L'œuvre de Bernardo est de beaucoup plus grandiose que celle de Wangh. J'en parle pourtant avec moins de détails, parce que l'*Union* de Wangh s'occupe exclusivement de l'enfance maltraitée. — Sur l'œuvre fondée par Bernardo, voir ce qu'en écrivait de Londres, le 30 mai 1891 l'avocat Ugo Conti à la *Gazzetta dell'Emilia*.

Ces cartes postales sont appelées *Repeated Cruelty
Cards* (cartes pour les sévices continués).

De telle façon une garde du corps vient, en quelque
sorte, à se former autour de l'enfant. L'ex-condamné le
sait bien, et il sait aussi qu'il suffit de mettre à la poste
l'une de ces cartes pour le traîner encore une fois devant
les tribunaux et le priver de sa liberté, par une condamnation double de la première. Les officiers de la Société le
tiennent en outre en observation pendant plusieurs mois.

Dans toute l'Angleterre les autorités policières ont
toujours fait leur profit des systèmes adoptés par la
Société pour la tutelle des enfants, car leurs membres
avaient une plus grande liberté que la police elle-même.
Cette dernière ne pouvait agir que d'après la dénonciation
d'un citoyen ou en cas de flagrant délit, et elle ne pouvait pas, par conséquent, s'occuper de tous les sévices
commis sur la personne des enfants au sein même de la
famille. Il suffira pour juger du développement de cette
Société, de dire qu'ayant commencé par une recette
annuelle de 1,000 livres sterlings (25,000), elle en
encaisse aujourd'hui 19,000 (475,000 francs) et quant
aux effets obtenus, il suffira de savoir que de 200 parents
condamnés autrefois pour sévices contre les enfants, et
surveillés par elle, 12 seulement furent récidivistes (1).

---

(1) De Helen Zimmer · *Per la protezione dei Fanciulli.*
Voir également Lallemand, *Histoire des Enfants abandonnés et délais-
sés*, Paris. 1885 — et la célèbre enquête Roussel d 1881-82. — Nous ne

Nous n'avons malheureusement en Italie aucune institution, qui, par les moyens dont elle dispose, puisse rivaliser avec les institutions anglaises.

Anti-individualistes comme nous le sommes par caractère de race, nous avons toujours une mince confiance dans l'initiative privée. Nous voulons que le Gouvernement commence, et c'est seulement alors que nous saurons le suivre.

Le Gouvernement italien a heureusement prouvé qu'il comprend la gravité et l'importance du problème dont nous nous occupons, et il y a quatre ans déjà, sous le ministère Crispi, prit naissance, à Rome, une institution pour l'enfance [maltraitée, (1) qui, grâce à l'aide et à l'activité de citoyens de mérite, a acquis aujourd'hui un développement considérable.

Nous souhaitons, quant à nous, de voir l'œuvre sainte de la protection des enfants donner chaque jour de plus brillants résultats.

---

parlerons pas plus au long des mesures prises dans les autres nations en faveur de l'enfance abandonnée et maltraitée, d'abord parce que cela nous éloignerait de notre sujet, et ensuite parce que ce serait étaler une érudition inutile et aisée à acquérir, que de répéter ici ce que l'on peut lire dans un grand nombre d'autres ouvrages.

(1) Ces institutions avaient déjà en grand nombre pris naissance dans d'autres villes d'Italie. — Voir pour plus de détails, en ce qui concerne l'Italie, l'édition italienne de cet ouvrage.

APPENDICE

—

L'Evolution du Suicide au Meurtre
dans les drames d'amour

———

Henri Ferri (1), Henri Morselli (2), le docteur Bournet (3) et le docteur Corre (4) ont victorieusement
prouvé, contre les assertions de Tarde (5), de Féré (6) et
de Silio (7) que le suicide et le meurtre obéissent à une
loi de développement contraire sous le rapport ethnique
et géographique, comme dans le rapport annuel.

(1) *Omicidio-Suicidio,* dans la *Riposta ai critici.*
(2) *Il Suicidio,* étude de statistique morale comparée. Milan, Dumolard,
1879.
(3) *De la criminalité en France et en Italie.* Lyon, 1884, pages 77 et suiv.
(4) *Les Criminels.* Paris, Doin, 1889, page 197 et suiv.
(5) Dans la *Revue Philosophique* de 1884, à propos de l'*Omicidio-Suicidio*
de Ferri.
(6) *Dégénérescence et criminalité.* Paris, Alcan, 1848, page 93.
(7) C. Silio y Cortès : *La Crisis del Derecho Penal.* Madrid 1891, au
chap. VIII.

J'essaierai de confirmer encore cet antagonisme à un autre point de vue et pour certains cas spéciaux.

En étudiant ces nombreux meurtres et ces nombreux suicides causés par un quelconque des multiples sentiments créés par l'amour, j'ai cru y voir non seulement un rapport inverse de fréquence entre 'e meurtre et le suicide, mais encore le passage graduel de l'un à l'autre, à travers une évolution psychologique dont à l'une des extrémités se trouve, comme conséquence fatale, l'autoélimination, et à l'autre le crime. Je n'ai donc pas cru pouvoir seulement constater cet antagonisme pratiquement et d'après l'examen de cas distincts, mais il m'a semblé en outre en entrevoir les motifs, et pouvoir en donner plus que la preuve, l'explication.

I

« Il y a dans la société civile — écrit Morselli — des besoins, des passions impérieuses, des désirs, à la voix desquels les hommes obéissent en raison directe de la faiblesse de leur organisme mental. L'homme criminel qui n'a pas de quoi satisfaire ses besoins, tuera l'autre homme et le dépouillera, mais celui qui, comme fruit de l'éducation possède le sentiment du devoir, plutôt que de se servir de ces armes homicides et nuisibles, mettra fin à ses jours de ses propres mains. » (1)

En amour, dans ces douleurs et ces découragements que peut causer soit l'abandon de l'être aimé, soit une séparation forcée, soit encore un refus hautain, l'homme se comporte de l'une ou de l'autre des deux façons dont parle Morselli. L'homme honnête et civilisé, en prenant ce mot dans le sens le plus noble, ne trouve à son malheur que la fin légitime du suicide, tandis que l'homme d'instincts encore sauvages est plein de haine dans son

---

(1) Ouvr. cit. page 196. D'une façon analogue, Corre écrivait : « Le suicide
« est une sorte de dérivatif de la criminalité contre autrui : c'est la solution
« qu'adoptent des natures mal équilibrées sans doute, mais en possession
« d'une lueur d'honnêteté, à l'aide de laquelle ils échappent par la mort à
« l'impulsion qui les sollicite au meurtre, ou se rendent justice eux-
« mêmes. » *Les Criminels*, page 200. A ce sujet, Corre citait deux cas
que je tiens à reproduire, car on y voit le passage rapide de l'idée homicide à l'idée du suicide et la mise à exécution de celle-ci plutôt que de
celle-là. « Un officier, doué des plus mauvais instincts, duelliste féroce,
« détesté et méprisé de tous dans son corps, soufflette un jeune homme,
« condamné jusque-là à tout supporter de par la discipline, mais devenu
« depuis la veille son égal de par l'épaulette. On va sur le terrain. Les
« adversaires doivent échanger deux balles et ont la liberté de marcher
« l'un sur l'autre. L'offensé tire et manque son ennemi. Celui-ci, calme,
« le sourire aux lèvres, s'avance lentement, jusqu'à un pas de sa victime,
« lui braque le canon de son pistolet sur le front, et prend plaisir à pro-
« longer ce supplice pendant quelques secondes, malgré les cris d'indigna-
« tion des témoins. Impassible, il relève son arme contre lui-même, et se
« fait sauter le crâne, en face du malheureux qu'il s'était vanté de tuer, et
« qu'il tenait à sa merci. — Un jeune homme de Belleville, qui aimait
« tendrement sa mère et l'assistait à ses derniers moments, voit rentrer
« son père ivre mort. Indigné, il saisit un couteau de cuisine et le lève sur
« l'ivrogne : Tu n'es digne d'être ni mari, ni père, s'écrie-t-il. Puis, tout à
« coup, il se jette sur le corps de sa mère, qu'il couvre de baisers, et se
« plonge le couteau dans la poitrine. »
Il est évident que dans ces deux cas le suicide s'est substitué au
crime.

malheur, il veut se venger de qui l'a fait souffrir, et il tue,
au lieu de se tuer.

Mais ces deux résolutions extrêmes et opposées ne sont
pas les seules. Il y a, entre le sacrifice admirable de
l'honnête homme qui se supprime spontanément, et le
crime, même passionnel, du délinquant, d'autres moyens
qui donnent une issue à la tempête déchaînée dans une
âme, et, la mettant à nu, font voir le passage du suicide
au meurtre. En effet, tandis que quelques-uns se tuent en
laissant en vie l'être aimé, cause de leur fatale résolution,
et donnent même parfois un rare exemple d'altruisme
posthume en lui souhaitant des jours heureux, — d'autres,
plus égoïstes, cherchent à persuader l'amant ou la maîtresse de mourir ensemble, et d'autres enfin tuent d'abord
et se tuent ensuite.

On trouve de nombreux exemples de chacune de ces
formes de sélection.

Une jeune fille écrit à son amant : « Tu m'as trompée ;
pendant deux ans tu m'as juré de m'épouser, puis tu
m'as abandonnée. Je te pardonne. Je ne puis survivre à
la perte de ton amour, » puis elle se tue. (1)

Une autre, également abandonnée par son amant,
laissa une lettre ainsi conçue : « J'ai fait moralement tout
ce qui était possible pour vivre sans cette affection qui est
désormais le ressort de ma vie ; cela est au-dessus de mes

---

(1) V Brierre de Boismont : *Du Suicide et de la Folie suicide*, 2e édit. —
Paris, 1865, p. 121.

forces. L'étendue de ma faute est grande, ma mémoire sera maudite même de mon enfant dont le nom fait vibrer toutes les cordes de mon âme ; et pourtant, sans la moitié de moi-même, sans celui que j'ai perdu, la vie m'est insupportable. J'étais résolue à aller me jeter à ses pieds, j'aurais été abandonnée ! Qu'il me pardonne mon caractère injuste, mes violences ; qu'il se rappelle seulement les moments heureux qu'il a passés près de moi ! » (1)

Une troisième vient à apprendre que celui qu'elle chérissait allait devenir l'époux d'une autre femme : elle s'enferma dans sa chambre, et après avoir allumé du charbon elle s'étendit sur son lit ; mais comme la mort ne venait pas aussi promptement qu'elle le désirait, elle avala un demi verre d'opium. On trouva sur la table une lettre pour celui qui l'avait trahie. « Qu'ai-je fait, lui disait-elle, pour encou.   disgrâce ? Est-ce pour t'avoir aimé plus que la vie, puisque pour toi je vais la perdre dans un moment ? » (2)

Nous avons cité là (et nous pourrions en citer un grand nombre) les cas les plus nobles et les plus sympathiques de suicide. (3) C'est un vaincu de la lutte pour l'exis-

(1) V. Brierre de Boismont, ouvr. cit. page 121.

(2) Brierre de Boismont, ouvr. cit. page 123.

(3) Brierre en a recueilli un grand nombre ; je citerai encore, comme preuve de l'altruisme de ces femmes suicidées, les phrases suivantes de deux jeunes filles qui s'étaient tuées pour avoir été abandonnées par leur amant. L'une d'elles écrit à une amie « Assure lui que je fais des vœux pour son bonheur, que je meurs en l'adorant » et une autre écrivait à son amant : « ..... la mort va nous séparer, j'ai l'espoir de le rendre heureux. »

tence qui disparaît, mais un vaincu honnête, qui sort de la vie dignement, socialement, sans faire de mal à personne (1). Il ne se venge pas si on l'a trahi ou abandonné, mais il se supprime. Les moralistes auront beau dire que le suicide est une action lâche et immorale, nous aurons toujours, quant à nous, la plus grande compassion, la plus grande admiration même, pour ces malheureux qui meurent en pardonnant (2).

(1) Ces paroles ne doivent pas faire croire que nous considérons le suicide comme un *phénomène utile* à la société. Le professeur Vivante dans un ouvrage publié récemment nous attribuait cette étrange opinion. (*Il Suicidio nelle assicurazioni sulla vita*, Bologne 1891) mais M. Fioretti lui a fort justement répondu (dans la *Scuola Positiva*, n° 6, page 280) par ces mots que j'approuve entièrement : « L'Ecole positiviste n'a jamais considéré le suicide comme un moyen apte à rendre meilleure la société. L'Ecole positiviste a seulement soutenu et elle soutient que, étant donné que les causes sociales qui mènent au suicide sont, le plus souvent, les mêmes du crime, il est certain que, devant choisir entre ces deux maux, le suicide, au point de vue social, est préférable au crime ».

(2) Le plus grand nombre de ces suicides, éminemment altruistes, est donné par les femmes. « La meilleure partie de nous-mêmes — écrit Morselli (*Il Suicidio*, p. 417) — se révèle toujours dans les motifs individuels du suicide, *mais cette partie est toujours féminine*. La femme est bien souvent poussée à sacrifier sa vie par des sentiments et des passions qui par elles-mêmes suffisent à ennoblir la basse et égoïste nature humaine ; et il en doit être ainsi car il est naturel que, se soumettant souvent, comme elle le fait, à supporter pour l'amour de ses enfants et des êtres aimés le poids de l'existence, elle arrive à payer aux passions le tribut de sa vie, un tribut peut-être moins lourd encore ! » Lombroso faisait la même remarque, et attribuait à ce phénomène une raison moins flatteuse peut-être pour la femme, mais, selon moi, plus exacte psychologiquement : « tandis qu'en général les suicides masculins — dit-il — surpassent généralement du quadruple et même du quintuple les suicides féminins, les suicides par amour, au contraire, n'arrivent pas à la moitié, parfois même au quart des suicides féminins ; et cela est naturel, car l'amour, qui n'est souvent, selon Mᵐᵉ de Stael, qu'une anecdote dans la vie d'un homme, est au contraire l'évènement le plus grave, toute une histoire chez la pauvre femme. » — V. l'*Uomo delinquente*, vol. III. — Torino, 1889, à p. 143.

II

Parfois aussi, lorsque ce n'est ni la trahison ni l'abandon qui poussent au suicide, mais bien un obstacle au
mariage provenant des parents, ou une autre difficulté
quelconque dont souffrent en même temps les deux amants,
le sacrifice d'un seul est insuffisant. Ils éprouvent souvent
le désir égoïste de mourir ensemble, et c'est alors qu'apparaît la figure du double suicide. « Il est aisé — dit Lombroso — de se rendre compte de la physionomie d'une
cause de suicide aussi répandue, en pensant que l'amour
est l'effet d'une sorte d'affinité élective multipliée par celle
des organes de la reproduction, c'est pourquoi les molé-
cules de l'un font, pour ainsi dire, partie de celles de
l'autre, et ne peuvent souffrir de s'en voir détacher (1).

Et nous pourrions ajouter que le but même du suicide
rend tout à fait naturelle la mort commune des deux
amants, car l'identique ensemble de sentiments qui fait
que l'un d'eux ne trouve plus de charme à la vie, doit logiquement former pour tous deux le motif de leur élimination. On a vu en effet souvent des doubles suicides dont
le dessein et l'accomplissement avaient été l'objet d'une

(1) C. Lombroso, *L'amore nel suicidio e nel delitto*. Torino, Bocca.
1881, p. 11.

longue et savante recherche de la part des deux
amants (1).

Malgré tout, vu que les règles arides de la logique
abstraite n'ont pas de valeur en psychologie, on ne peut
en conclure que la même cause puisse produire un même
effet sur deux organismes différents. Les préjugés de la
religion ou les idées sur la morale ne permettent souvent
même pas à l'idée de suicide de se présenter à la pensée
d'un individu ou du moins la lui font repousser tout de
suite — tandis que souvent les dispositions héréditaires (2), une éducation différente et la fatale influence de

(1) Lombroso dans l'ouvr. cité en donne un exemple remarquable : « Il
y a près de deux ans, dans la riante Ivrée, vivaient l'une près de l'autre
deux familles nombreuses et patriarcales. Un beau jour un jeune homme
appartenant à l'une d'elles dut s'éloigner pour terminer ses études à Turin ;
il pria sa mère de lui préparer certains mets pour son souper. Il plaisanta
gaiement avec son père, mais il ne revint pas de toute la nuit. D'autre
part la jeune fille de la famille voisine, qu'il aimait depuis longtemps,
avait demandé à sa mère les mêmes mets ; elle avait mis pour la première
fois une robe qu'elle avait brodée exprès pendant de longs mois, et elle
avait dit à sa mère : « Ne me trouves-tu pas l'air d'une mariée ? » — et elle
avait disparu également. — Les deux pères, ayant conçu le même soupçon,
se retrouvèrent au petit jour, et après avoir trouvé une lettre de l'étudiant, qui disait préférer la mort à la séparation, il coururent au canal, en
firent mettre le lit à sec et les trouvèrent au fond tous les deux, embrassés,
le visage tranquille et souriant, comme si la mort était venue les frapper
au plus joyeux moment de leur existence. La mère en fouillant dans la cham-
brette de la jeune fille trouva son journal, dans lequel se trouvait déjà depuis
un an arrêté le triste projet et qu'elle écrivait en souriant en pensant à ce
jour-là. » Je remarque, incidemment, l'idéalisme poétique des moyens
d'exécution de ce double suicide, idéalisme qui, d'après Wagner, se
retrouve dans les suicides ayant un noble motif.

(2) La possibilité d'acquérir par hérédité la tendance au suicide n'a plus
besoin désormais d'être démontrée. Je n'en citerai que deux exemples, de
la plus grande importance et très peu connus : une nommée L., qui en
1865 voulut se suicider en se précipitant du pont Notre-Dame dans la
Seine, avait eu neuf parents morts à la suite de suicide ; — un nommé
Berger, qui mourut pour s'être tiré un coup de pistolet au cœur, avait eu

l'exemple font germer chez un autre le projet sinistre. Et il est certain que c'est à la pensée de l'un des deux amants qu'apparaît tout d'abord l'idée de suicide, elle passe ensuite à l'autre et se fait accepter *par suggestion* (1).

Le sentiment de la moralité n'est plus, en pareil cas, assez fort et assez aigu pour imposer uniquement la propre élimination ; — le sentiment égoïste qui caractérise l'amour et qui fait vouloir que la personne aimée partage toutes nos douleurs comme toutes nos joies, pousse à essayer de convaincre aussi l'autre de se donner la mort, — et le noble et altruiste sacrifice d'un seul commence de telle sorte à se transformer en suicide de deux personnes, dont l'une a poussé l'autre à mourir avec elle.

C'est la forme embryonnaire du meurtre qui s'annonce de loin. On veut la mort d'une personne, mais, le crime faisant horreur, on ne la tue pas. — On lui conseille uniquement de se tuer.

Parfois ce conseil n'est pas suivi, et l'on se borne alors à un simple suicide, — c'est le cas d'un nommé A... C... qui, ayant cherché à persuader sa maîtresse de mourir avec lui, et, n'y ayant pas réussi, but tout seul de

un oncle mort de la même façon, son père s'était asphyxié, et une de ses cousines s'était pendue. — V. *Chronique des Tribunaux*, Bruxelles, 1883, vol. I, p. 98.

(1) La grande influence de la suggestion dans le double suicide fut remarquée par Chpolianski dans son ouvrage *Des Analogies entre la folie à deux et le suicide à deux* (Paris, 1885) et par Aubry dans son volume sur la *Contagion du meurtre* (Paris, Alcan, 1888). J'y ai fait allusion dans mon ouvrage la *Foule criminelle* (Paris, Alcan, 1892) et plus haut au chap. Ier.

l'acide sulfurique (1), — mais bien souvent la suggestion du suicide produit son effet, et les deux amants meurent ensemble.

Une jeune fille d'un caractère fort tranquille, de mœurs exemplaires — écrit Brierre de Boismont — qui ne lisait pas de romans, n'allait point au spectacle, ne parlait jamais de suicide, est informée que le parents de son amant ne veulent pas consentir à leur union ; se servant de toute son influence sur son esprit, elle lui représente l'impossibilité où ils sont d'être l'un à l'autre, la séparation qui va être la conséquence de la demande en mariage, puis, l'accablant de caresses, elle le supplie d'imiter sa résolution : « Je suis décidée à mourir, dit-elle, plutôt que de te quitter, *donne-moi cette preuve d'amour* » Un vaste foyer est allumé et ils expirent dans les bras l'un de l'autre. (2)

Il y a trois ans, à Turin, un fait analogue se produisait. Michel T..., âgé de 20 ans, aime à la folie Constance M..., une belle jeune fille de 17 ans. T... devait aller faire son service militaire et il en était si affligé qu'il résolut de se tuer. Mais il ne voulait pas mourir seul. Il annonça son triste projet à sa maîtresse, qui, peu à peu se laissa

---

(1) V. le journal de Rome *La Tribuna* du 18-19 juin 1889. — Le journal de la même ville *L'Italie* du 13 janvier 1892, donnait la dépêche suivante de Berlin : « La baronne Stackelberg, jeune femme de 27 ans, belle, riche et excentrique, s'est empoisonnée à cause d'une passion malheureuse que lui inspirait un jeune savant, le docteur Solf. Avant de se tuer la baronne avait proféré des menaces de mort à l'adresse de Solf. »

(2) Brierre de Boismont, ouvr. cit. page 125.

persuader à tel point qu'elle jura de mourir avec lui. Ils
prennent en même temps la fuite de chez eux et vont passer les derniers instants de leur vie dans un hôtel du
quartier de la *Madonna del Pilone*. Ils demandent une
chambre, s'y enferment, ils allument un réchaud et se
couchent en s'embrassant dans une longue étreinte (1).

.·.

Les deux cas cités plus haut sont les cas typiques du
double suicide. Mais il ne se produit pas toujours de la
même façon. Bien souvent les amants ne meurent pas par
asphyxie, ils ont recours au poignard ou au revolver, et
dans ce cas, c'est généralement l'un d'eux qui frappe
l'autre d'abord et se tue ensuite.

Il s'est présenté un cas vraiment étrange et peut-être
unique de deux amants qui se sont tués tous les deux en
même temps, chacun avec son revolver.

Il y a deux ans environ, à New-York, dans une des
streets les plus fréquentées de la ville, deux fenêtres
s'étaient ouvertes en même temps l'une devant l'autre dans
deux maisons qui se faisaient face. Un jeune homme
avait paru à droite, une jeune fille à gauche, armé chacun d'un revolver, et, à un signal convenu, chacun s'était

(1) V. le journal de Rome *La Capitale* du 4 juin 1889.

donné la mort en regardant son vis-à-vis. Leurs parents n'avaient pas voulu consentir à leur mariage ; ils n'avaient même pas pu se tuer l'un avec l'autre, mais ils s'étaient donné la satisfaction de mourir l'un devant l'autre (1).

Le double suicide du docteur Bancal et de Zélie Trousset est désormais célèbre à ce sujet dans les annales judiciaires. Zélie Trousset après avoir lu *Indiana* avait manifesté à Bancal le désir d'imiter les deux héros du livre de Georges Sand. Bancal avait cru d'abord à une plaisanterie, mais il comprit dans la suite qu'elle parlait sérieusement et bien qu'il fût, lui aussi, romanesque et excitable il refusa tout d'abord et il fit son possible pour la dissuader d'un semblable projet. « Tu ne m'aimes pas assez, lui dit-elle encore, pour un pareil sacrifice. » Cédant alors à un sentiment d'amour-propre il donna son consentement, et pendant longtemps il lutta encore tout en discutant avec Zélie les moyens d'exécution du suicide.

Ils décidèrent que Bancal ouvrirait les veines à sa maîtresse et qu'il se tuerait ensuite. — Le soir fatal arrivé, ils se renfermèrent dans la chambre et Zélie dit à Bancal : « Il faut commencer ! —

— Non, répondit-il, nous avons bien le temps.

— Mais tu ne te rappelles donc pas que tu m'as dit que ce serait peut-être bien long ? Il faut commencer !..

(2) Voyez : Bérard des Glajeux, *Les Passions criminelles*, Paris, E. Plon, 1893, pag. 72.

Alors il lui ouvrit les veines du bras. A la vue du sang, Bancal épouvanté banda et pansa la blessure ; mais Zélie voulait mourir : Elle lui demanda de l'acétate de morphine et elle l'avala. Mais la mort tardait encore à venir.

— « Il faut en finir, — dit-elle — tue-moi tout de suite ! »

Bancal la tua avec un couteau, puis il se frappa à son tour (1).

A Rome, en 1889, deux amants se suicidèrent dans des circonstances à peu près semblables.

Césire Merz..., femme Mac..., et Pierre Sev.., s'étaient souvent trouvés en tête à tête ; elle était capricieuse, lui jeune et hardi ; bref, ils s'aimèrent.

— « Comme je serais heureuse, lui disait-elle souvent — si tu m'emmenais au loin avec toi ; je pourrais peut-être devenir mère, obtenir cette grâce qui m'a été refusée jusqu'ici ; cette vie ne peut durer plus longtemps. Partons, Pierre, emmène-moi bien loin ! »

Mais l'argent manquait. Pierre n'avait aucune aptitude spéciale pour pouvoir acquérir hors de Rome une posi-

---

(1) Bancal survécut et il comparut naturellement en Cour d'assises, où le bon sens des jurés l'acquitta, affirmant de telle sorte en pratique, pour la première fois peut-être (le fait eut lieu en 1835), la thèse juridique que Henri Ferri soutenait cinquante ans plus tard théoriquement. Après le verdict Bancal essaya encore de se suicider, et seules les supplications de ses amis et de son avocat lui firent abandonner son triste dessein. Mais il partit le jour même pour le midi de la France, où le choléra faisait rage, pour aller donner ses soins comme médecin, et peut être aussi pour y chercher la mort. — Voir tout au long l'intéressant procès dans la *Chronique des Tribunaux*, déjà citée, tome Ier, p. 1 et suiv

tion qui lui permît de vivre avec sa maîtresse ; il n'était même pas arrivé à trouver un emploi dans cette ville.

C'est alors que Césire avança l'idée du suicide. — « Il ne nous est pas donné d'être heureux, eh bien ! tuons-nous ! » Et telle fut son insistance qu'elle arriva à persuader à Pierre de dire adieu à la vie, bien que rien ne les empêchât de passer ensemble de longues heures de délices.

Césire de plus en plus excitée ne parlait plus que de la volupté d'une mort partagée entre deux baisers, une mort qui devait à jamais les détacher d'un monde prosaïque et plein d'amertumes. — C'était une frénésie pour cette malheureuse que l'idée du suicide. Ils décidèrent de se rendre dans un hôtel et de se tuer à coups de revolver pour que la mort vînt plus vite. — Ils se donnèrent rendez-vous à sept heures du soir, sur la place de la Gare, du côté de l'arrivée. — A l'heure dite, Pierre se trouva là avec une voiture, attendant sa maîtresse qui arriva ponctuellement.

Après s'être enivrés de *cognac* et de *marsala* ; après s'être donnés aux plaisirs les plus effrénés, ils se couchèrent à 11 heures et demie... « Finissons-en, dit Césire, en lui donnant un dernier baiser, — tue-moi ! »

Il la regarda longuement dans les yeux et se mit à pleurer. Le revolver était sur la table de nuit. Césire le saisit d'un geste décidé en s'écriant : « Enfant, va ! si tu ne t'en sens pas la force, c'est moi qui te tuerai, et qui mourrai ensuite. Désormais tout est fini. Pas de comédie ! »

« Donne-moi encore un baiser » dit Pierre. Elle souffla la lampe en ne laissant que la bougie allumée... Ils se donnèrent un long baiser, puis elle le força à prendre l'arme et de ses propres mains en plaça le canon à son oreille gauche. Le coup partit sec, presque sans bruit. Césire lança un petit cri, leva les bras, tourna les yeux et après quelques contractions spasmodiques, elle tomba comme une masse, tandis que Pierre tirait un autre coup de revolver dans le vide. Après quoi, le malheureux jeune homme, hors de lui, se tira deux coups, le premier sous la gorge, le second à la tempe droite.... Privé de sentiments, il se laissa tomber auprès du corps de Césire, tandis que la bougie brûlait lentement... » (1).

---

(1) V. Lombroso, *Palimsesti del carcere* (Edit. franç. Storck édit.) Le prof. Halberg, de Toulouse, dans une récente étude rapporte un autre cas encore plus étrange et plus romanesque, c'est le double suicide du poète allemand Henri Kleist et de Mⁿᵉ Vogel, femme d'un négociant de Berlin — « Kleist et Mⁿᵉ Vogel — dit le prof Halberg — s'étaient trouvés rapprochés « par une égale passion pour la musique. Ils passaient des journées entiè- « res à chanter ensemble au clavecin. Les airs mélancoliques avaient leurs « préférences. Un jour qu'Henriette avait fait entendre un de ces vieux « psaumes du vieux temps qui parlent si profondément à l'âme, le poète, « qui avait conservé quelques locutions du militaire s'écria dans son « enthousiasme « Oh ! voilà qui est beau à se brûler la cervelle ! » Lui- « même, dans sa pensée, donnait il quelque valeur à cette funèbre image, « ou bien l'expression lui était elle échappée par hasard ? On ne sait que « dire, mais Mⁿᵉ Vogel resta pensive, et après un moment de silence, « prenant la main de son ami « Voulez vous me promettre de me tuer le « jour où je vous le demanderai ? — De tout mon cœur, répondit le « poète, et je me tuerai après vous. »
« ... ...Quelques jours après, deux touristes, un homme et une femme, arrivaient dans une auberge isolée, sur les bords du lac de Wan, près de

Ces deux derniers cas de double suicide, comme je l'ai fait remarquer plus haut, diffèrent des deux premiers par leurs moyens d'exécution. Ici c'est l'un des deux amants qui tue l'autre avec son consentement, et se tue ensuite,

Postdam ; ils passèrent la nuit et la matinée du lendemain, déjeunèrent gaiement et avec appétit, firent une longue promenade sur les bords du lac, rentrèrent à l'auberge pour faire un nouveau repas, puis ils revinrent au lac où ils se firent apporter le café, dans un endroit creux et ombragé de toutes parts. La servante, une heure après, en rapportant les tasses, trouva les étrangers en très belle humeur, assis sur un tertre de gazon. Elle avait fait à peine trente pas dans la direction de l'auberge, qu'elle entendit une détonation, puis une autre. Elle n'y fit pas grande attention et supposa que les deux touristes s'amusaient, comme on le faisait souvent, à tirer des coups de pistolet en l'air. Mais bientôt une voiture de poste amenait en grande hâte deux Berlinois, qui se précipitèrent dans l'auberge, demandant, avec une poignante anxiété, ce qu'étaient devenus les touristes arrivés la veille : c'était M. Vogel, le mari d'Henriette, accompagné d'un ami. Kleist lui avait écrit le matin même pour lui annoncer l'exécution de son projet... On chercha les malheureux : on les trouva baignant dans leur sang et déjà glacés par la mort, au fond du creux qu'ils avaient choisi pour leur dernière sieste. Henriette, étendue à terre, avait le cœur traversé par une balle ; Kleist, à genoux devant elle, soutenu par le tertre, avait la tête fracassée ; tous deux avaient encore le sourire aux lèvres : la mort n'avait pas eu le temps de les défigurer »

Un autre cas de double suicide — tragique à cause de la solution qu'il eut devant la Cour d'assises — est celui de Marguerite Vagnair et Tony Auray, deux amants qui, dégoûtés de la vie, décidèrent de mourir ensemble. Tony tua la jeune fille et se tira un coup de revolver dans la bouche. *Malheureusement* il ne mourut pas ; il fut traduit en Cour d'assises : il faisait pitié : son palais était artificiel et c'est à peine s'il pouvait parler. Il implorait en sanglotant le pardon au ciel d'avoir tué sa Marguerite et il demandait à mourir lui aussi ! Les jurés le condamnèrent à vingt ans de travaux forcés ! Sinistre ironie ! condamner à vivre un homme qui voulait mourir ! — Voir Bataille, *Causes criminelles et mondaines* de 1885 à page 329. — On trouve décrit dans ce même recueil (année 1889, page 344) le double suicide Gaston Delmas, psychologiquement et matériellement identique à celui de Marguerite Vagnair et de Tony Auray.

Un autre cas, analogue au précédent, est raconté par Despine. *Psychologie Naturelle*, II, 385. Le journal italien, la *Gazzetta dell' Emilia* du 4 février 1891 décrit minutieusement le double suicide de Ildebrando Cupp.. et Césarina Ven..., voulu par tous deux (comme le prouvent leurs lettres) et exécuté par Cuppini à l'aide d'un revolver.

tandis que là, c'était une cause extérieure, le charbon qui donnnait la mort à tous deux.

Carrara tirait de cette différente manière d'exécution du double suicide des conséquences juridiques différentes — affirmant que si l'un des amants survivait dans le cas de la tentative de suicide par asphyxie à l'aide de charbon, on pouvait l'inculper d'avoir participé à l'autre suicide, mais jamais d'avoir commis un meurtre, tandis que si l'un des amants survivait après avoir tué l'autre d'après son consentement et essayé de se tuer à son tour, on pouvait l'inculper de meurtre et cela d'après les principes de l'école ontologique qui déclare « avoir commis un meurtre quiconque a volontairement exécuté l'acte qui a donné pour résultat la mort d'autrui. » (1)

Nous croyons avec Henri Ferri, que cette opinion de Carrara n'est qu'une subtilité juridique, d'une puissance d'analyse logique merveilleuse, mais qui, à cause surtout des grandes différences de peine qui en forment le résultat, ne renferme ni un sage principe de justice ni une utilité pratique quelconque (2).

Peu importe que l'amant s'enferme avec sa maîtresse dans une chambre dans laquelle est allumé un réchaud et qu'ils y attendent la mort, ou que l'amant tire un coup de pistolet à sa maîtresse avec son consentement. Ce sont

(1) Carrara : *Programma*, note 1 au § 1157

(2) Henri Ferri . *Omicidio-Suicidio*, p. 31 et suiv.

là, au point de vue de la morale, deux actions d'une même valeur psychologique (1).

Mais bien qu'il soit égal *moralement* que le double suicide soit commis de l'une ou de l'autre façon il faut pourtant reconnaître que *matériellement* dans le cas d'asphyxie par le charbon *deux véritables suicides* ont lieu, tandis que dans le cas où l'un des amants tue l'autre et se donne ensuite la mort, nous avons un meurtre et un suicide. La statistique, par conséquent, qui dans le premier cas doit enregistrer deux suicides et dans le second un meurtre et un suicide, marquerait un *meurtre en plus pour chaque suicide en moins.* Ce qui vient à prouver avec une précision arithmétique l'antagonisme qui existe entre ces deux formes de sélection.

---

(1) Il ne faut pas oublier que nous ne soutenons pas dans tous les cas l'impunité pour qui a aidé au suicide ou pour qui a tué le consentant, nous ne la soutenons que dans le cas où le motif est noble et touchant. Bien souvent aider au suicide ou simplement ne pas l'empêcher peut constituer une action immorale et monstrueuse comme dans l'exemple suivant pris de Corre : Une fille vivait avec un ouvrier paresseux ; celui-ci veut se tuer après avoir dissipé un petit héritage, plutôt que de se remettre au travail. Elle le laisse faire. « Misérable que vous êtes, lui dit le commissaire de police, vous n'avez donc pas essayé de lui retirer ses pistolets ? — Je n'y ai seulement pas pensé. — Où étiez-vous pendant qu'il se disposait à se tuer ? —A côté de lui ; je faisais tranquillement ma soupe ; lui, il a dit : *Une, deux, trois*, et le coup a parti, alors moi, j'ai levé le nez et j'ai dit : *Est-il serin !* — Ajoutez, reprit le magistrat justement indigné, que vous ne vous êtes même pas dérangée pour voir si le malheureux respirait encore, et que vous avez eu la barbarie de manger votre soupe pendant que le sang coulait à flots dans la chambre. — Ce n'est pas vrai ça, que j'ai tout de suite mangé ma soupe, *le beurre n'y était pas encore !* » — V. *Les Criminels*, page 181

III

Nous avons vu le meurtre apparaître au loin comme *simple intention* de l'un des deux amants dans le suicide par asphyxie, nous l'avons vu se *substituer matériellement* (1) au suicide pour Bancal et Zélie Trousset, pour Césire M .. et Pierre S... ; nous le verrons tout à l'heure se substituer non-seulement matériellement mais encore juridiquement au suicide lorsque le consentᵒment de l'un des amants à sa mort fait défaut.

Le meurtre-suicide de Sidi-Mabrouck, qui mit fin si tragiquement à la douce idylle de Henri Chambige et de Mᵐᵉ G..., est encore dans toutes les mémoires. Le mystère recouvre désormais pour toujours ce drame, sans que l'on puisse dire avec certitude s'il y eut malheur ou crime, mais la présomption plus probable psychologiquement est que Chambige, ce jeune malade du plus grand talent qui disait à ses amis : « Je voudrais me donner les sensations d'un assassin pour les analyser », (2) ait tué

---

(1) Je dis *matériellement* et non *juridiquement*, car le consentement de la personne tuée dépouille le meurtre du caractère d'action antijuridique

(2) Cette phrase donna peut être à Paul Bourget l'idée de son magnifique livre *Le Disciple*.

Mme G..., dont il n'avait pu arracher la promesse de mourir avec lui, et qu'il ait essayé de se tuer ensuite (1).

Si c'est la vérité, comme je le crois, et comme l'ont cru également les jurés de Constantine, Chambige a fait des élèves.

A Lyon, en 1889, Gabriel Soularue tirait deux coups de revolver contre sa maîtresse Berthe G ., puis un contre lui-même. La jeune fille mourut ; mais Soularue survécut à ses blessures. Il avait essayé de persuader à Berthe de se suicider ensemble, il l'avait longuement priée de le suivre dans sa résolution suprème, mais en vain.

Il soutint à l'audience que Berthe s'était frappée volontairement elle-même, mais l'expertise, faite par M. Lacassagne, prouva l'impossibilité absolue d'une telle version ; du reste, un autre indice de la plus grande gravité parlait contre lui. On trouva sur la table de la chambre où le meurtre-suicide avait été commis une lettre signée par la jeune fille dans laquelle elle disait qu'elle se serait frappée elle-même ; or cette lettre était fausse, elle avait été écrite par Soularue, et il fut forcé de le reconnaître (2).

Devons-nous dire pour cela que le crime de Soularue est un véritable et vulgaire assassinat ? Non ! Nous nous

(1) Voir sur l'affaire Chambige, Bataille : *Causes criminelles et mondaines* de 1888 et Tarde · *Affaire Chambige* dans les *Archives de l'Anthropologie criminelle*, livr. 10.

(2) Voir pour cette affaire, Laurent, *L'Année criminelle* (1889-1890). — Lyon-Paris. Storck-Flammarion, page 1 et suiv.

trouvons ici, comme pour l'affaire Chambige, en présence
d'un malheureux qui veut mourir, mais qui désire que sa
maîtresse meure avec lui. Il cherche à la persuader de lui
faire le sacrifice de sa vie, mais elle refuse, et alors plutôt que de se tuer seul, comme le ferait tout honnête
homme, il ne tient pas compte du refus, et il la tue avant
de se tuer.

C'est l'égoïsme remportant la victoire sur l'altruisme ;
c'est la jalousie posthume triomphant par le meurtre qui
en est la forme la plus brutale, et que quelques peuples
barbares ont rendu légitime dans le bûcher qui attend les
veuves sur la tombe de leur mari. « Puisque je meurs, ma
femme ne doit plus être à personne. » Tel est le raisonnement, le sentiment qui a armé le bras de Soularue et
de Chambige. Ils tuent, mais le motif de leur crime quoique égoïste, et par conséquent immoral, n'inspire pas du
mépris, mais plutôt de la compassion.

Ils ont prouvé du moins, en cherchant à obtenir le
consentement de leur victime, qu'ils sentaient la grande
différence qu'il y a entre tuer une personne qui y consent
et la tuer malgré elle, et s'ils se sont passés de ce consentement, c'est qu'ils ont été entraînés dans la tempête de
leur passion, mais il faut leur tenir compte de cette dernière lueur de moralité qui se révèle dans leur demande,
dans leur tentative de persuader leur maîtresse à mourir
avec eux. Il faut leur en tenir compte, car souvent cette
idée de demander à sa maîtresse son consentement avant

de la tuer n'apparaît même pas, et c'est alors que, sans hésitations et sans remords, se présente tout de suite l'idée du meurtre.

(C'est là un autre pas que nous faisons dans cette évolution du suicide au meurtre).

Que de drames de ce genre ne lisons-nous pas tous les jours dans les faits-divers des journaux !

« Dans une même maison située rue***. — dit le *Corriere di Napoli* (1), — logeaient Horace A.., âgé de « 19 ans et Jean B.., avec sa fille nommée Anna et âgée « de 20 ans. Les deux enfants s'aimèrent et cet amour, « pur et candide tout d'abord, devint bientôt une vio- « lente passion.

« Le père d'Anna, connaissant la situation peu bril- « lante d'Horace. fit tous ses efforts pour que sa fille « l'oubliât. Mais ils n'aboutirent à rien ; elle était tenace « dans son amour.

« Horace pria, supplia le père de sa bien-aimée d'aban- « donner son projet ; il recevait toujours la même « réponse : « Votre mariage est impossible ».

« Un jour, enfin, il voulut en finir. Il se rendit chez « B... et lui dit résolument qu'il voulait Anna à tout prix, « vive ou morte. B... lui répondit sèchement : « Ce sont « des bêtises, laisse-moi tranquille ! »

« Horace sortit, il se renferma dans sa chambre, char- « gea un pistolet et attendit qu'Anna restât seule dans la

---

(1) Du 29 juin 1889

ÉVOLUTION DU SUICIDE AU MEURTRE DANS LES DRAMES D'AMOUR

I — ————————————————————suicide ——————————— . . . . . . ▬▬▬▬▬▬

II — ———————————————— double suicide ———————— . . . ▬ ▬▬▬▬ .

III — Meurtre avec le consentement de la victime et suicide ————————— . . . . ▬ ▬▬ . . .

IV — Meurtre sans le consentement de la victime et suicide ——————— . . . ▬ ▬▬ . . . .

V — Meurtre   et   suicide ————————— . . ▬▬ ▬▬ . . . . .

VI — Meurtre   et   suicide manqué par émotion . . . ▬▬▬ ▬ . . . .

VII — Meurtre   et   suicide manqué volontairement . ▬▬▬▬ ▬ . . . .

VIII — Meurtre ——————————————————— ▬▬▬▬ . . . .

« chambre voisine. Le moment arrivé, il s'approcha d'elle
« et lâcha la détente. La malheureuse tomba en pous-
« sant un cri. Horace courut de nouveau dans sa cham-
« bre et avala une forte dose d'arsenic, puis il se jeta
« par la fenêtre. On le ramassa dans un état pitoyable et
« il mourut quelques heures après. » (1)

Dans ce cas, l'auteur du meurtre a fait suivre son
crime d'un véritable suicide.

Mais il n'en est pas toujours ainsi : dans des cas analogues, bon nombre de meurtriers après avoir tué leur
maîtresse, ont réellement et sincèrement l'intention de
se tuer, mais l'amour de la vie qui l'emporte sur

---

(1) L'on pourrait encore citer de nombreux cas semblables à celui-ci.
Dans les meurtres commis par les criminels passionnels contre leur maîtresse, le suicide suit fort souvent le meurtre. C'est — pour ainsi dire —
l'expression du repentir du coupable, le châtiment qu'il éprouve lui-même
le besoin de s'infliger. — Lombroso parle d'un grand nombre de ces meurtriers par passion qui se suicident ensuite : Cipriani, Delitala, Quadi,
Bouley, Curti, Cumani, Humboldt, Milani, Bertuzzi (*Uomo delinquente*),
vol. II, 2ᵐᵉ partie, chap. I, particulièrement à la page 125. Les journaux
de la péninsule, il y a un an environ, racontaient qu'un jeune officier d'avenir
de l'armée italienne, en garnison à Naples, ayant obtenu un congé, partit
pour la ville habitée par sa fiancée, qui l'avait cruellement éconduit. Il lui
demanda un dernier rendez-vous, et lui tira un coup de revolver, puis il se
fit justice avec la même arme. A Milan un nommé Alquati, un jeune
homme de 25 ans, tua sa fiancée, parce qu'il croyait qu'elle voulait
rompre le mariage, puis il se tira un coup de revolver. (V. mon livre écrit
en collaboration avec MM. Bianchi et Ferrero · *Il mondo criminale italiano*, Milan, 1893). — A Berlin, un nommé Biederman, préparateur
à l'Institut chimique de l'Université, tua à coups de revolver sa fiancée,
puis il se suicida vu qu'il n'avait pas les 30,000 francs dont le père de la
jeune fille faisait une condition indispensable du mariage. (V. *Corriere
della Sera*, 19 janvier 1892). — Le suicide suit aussi souvent le crime politique, pour cela même que les criminels politiques sont — le plus souvent — des criminels par passion ou des criminels fous. — V. Lombroso et
Laschi, *Il delitto politico e le rivoluzioni*, et Régis, *Les Régicides*,
(Storck, Lyon).

tout autre sentiment et qui détourne automatiquement leur bras fait qu'ils se blessent légèrement et qu'ils survivent.

Tel fut le cas d'Edouard Deletain.

Au mois de décembre 1868, dans les grands bois de la Princerie, du canton de Rebais près Coulommiers, on trouvait le cadavre d'une jeune fille la tête fracassée ; sa toilette était celle d'un jour de fête ; au poignet droit était attaché un mouchoir blanc dont l'autre extrémité retenait par un nœud un fragment de mouchoir de couleur, et son sang, qui avait rougi la neige, lui avait fait une couche sanglante. C'était une petite paysanne de la commune de Verdelot, Alexandrine Rousselet, âgée de dix-sept ans : elle aimait un garçon du pays, Edouard Deletain ; Deletain l'aimait, mais les parents n'ayant pas consenti à un mariage, les deux jeunes gens avaient résolus de se tuer ensemble. Un soir de bal de noce, après avoir dansé ensemble une dernière polka, ils s'étaient rejoints à travers des chemins différents dans un dessous de futaie éclairé par la neige, et leurs mouchoirs les attachant l'un à l'autre, avec un vieux pistolet d'emprunt Deletain avait tiré sur la jeune fille et l'avait tuée ; il avait tiré ensuite un deuxième coup de pistolet sur lui-même, voulant se tuer et se blessant, mais ne se tuant pas : — « M'étant manqué la première fois — disait sans périphrases à l'audience ce gros paysan qui ne se piquait pas d'être un Bayard, — je n'ai pas eu le courage de recommencer, l'amour de la vie m'a repris, et j'ai préféré manquer à ma parole (1).

D'autres plus méprisables se blessent légèrement, non-seulement poussés par l'amour de la vie, mais par une volonté déterminée et consciente. Ils simulent le suicide, sachant qu'ils se ménagent ainsi un magnifique sujet de défense.

Le *double suicide* qui s'était déjà transformé en *un meurtre et un suicide*, devient de telle sorte un meurtre et une auto-blessure.

Parfois le meurtrier n'essaye même pas de se blesser après le crime, et le meurtre reste seul. Le merutrier par

(1) Voir Bérard des Glajeux, ouvr. cit. page 78 et suiv. — Tel fut égale-ment le cas de Humbert Mancini, qui tira un coup de revolver à sa maî-tresse et qui se fit ensuite une légère blessure. Voir à ce sujet deux intéressants articles de P. Materi sur le journal de Naples *Pungolo* des 17 et 18 février 1892. — Je tiens à ce propos à rapporter un cas assez important pris des *Mémoires de M. Claude* et qui prouve de la façon la plus évidente le rapport inverse existant entre le meurtre et le suicide. « Un jeune ouvrier, nommé Moreau, s'était pris d'amour pour une nommée Victorine Guerral, qui travaillait dans le même atelier. La jeune fille, qui n'était pas une vertu, devint bientôt la maîtresse de Moreau, qui, l'aimant pour tout de bon, était très jaloux. Il s'aperçut un jour qu'elle le trompait avec un autre ouvrier. Il doutait pourtant encore, et il voulait être fixé, c'est pourquoi il suivit un soir Victorine à la sortie de l'atelier : il la vit s'éloigner au bras de son rival, entrer dans un hôtel garni et demander une chambre. Il entra aussi et il demanda la chambre voisine. — « Alors, j'entendis, dit-il, dans la lettre qu'il écrivit de Mazas à son patron, ce que je n'oserai répéter. J'avais rêvé pour ma maîtresse une existence exempte de chagrins, je la voyais avec cet homme plus méprisable qu'avec moi-même. *Je vous jure que si j'avais eu sur moi de quoi me donner la mort, vous n'auriez pas eu aujourd'hui un crime à me reprocher.* » Le soir même, Moreau se décida à la tuer et à se tuer ensuite, ne pouvant survivre à sa douleur — Il acheta le lendemain un revolver et arrivé à l'atelier, il tira sur Victorine qui tomba morte, puis retourna l'arme contre lui, mais la balle ne le tua pas ». — (*Mémoires de M. Claude*, Paris, Rouff, 1883, vol. X, p. 161).

passion éprouve, en ce cas, un véritable remords et il se
repent sincèrement du crime qu'il a commis, il pleure, il
se désespère, mais il n'a pas le courage de se tuer (1).

C'est là la dernière phase de l'évolution que nous avons
voulu décrire. Ayant pris *un suicide* comme point de
départ nous arrivons — à travers une gradation infinie de
nuances psychologiques — à *un meurtre*.

IV

Il ne nous reste plus qu'à résumer graphiquement, pour
plus d'évidence, les phases de l'évolution qui forme le
sujet de ce chapitre. (*V. le tableau*).

Nous voyons dans ce tableau poindre — d'un côté —
près du suicide et se dessiner d'une façon de plus en plus
nette la figure du meurtre, et de l'autre côté la figure du
suicide disparaître graduellement. La forme d'élimination éminemment *altruiste* cède par conséquent peu à
peu la place à la forme d'élimination éminemment
egoïste.

En effet : dans la 2me *phase* le meurtre n'apparaît que

_____

(1). Le cas est tellement fréquent, qu'il me semble inutile de citer des
exemples — On peut du reste les voir dans Lombroso, *L'omo delinquente*,
vol. II, passage cité.

comme *intention* de l'un des deux amants ; dans la 3ᵐᵉ *phase* le meurtre est *matériellement* commis ; dans la 4ᵐᵉ phase (et dans les suivantes) le meurtre est commis *matériellement* et *juridiquement*, vu que le meurtrier n'avait pas obtenu le consentement de sa victime ou qu'il ne le lui avait même pas demandé.

D'autre part le suicide, seul tout d'abord (Iʳᵉ phase) puis uni à un autre suicide dû à des pressions morales (2ᵐᵉ phase), puis précédé d'un meurtre (3ᵐᵉ, 4ᵐᵉ, et 5ᵐᵉ phase) se change en auto-blessure (6ᵐᵉ et 7ᵐᵉ phase), et finalement n'a plus lieu (8ᵐᵉ phase).

La démonstration de l'antagonisme entre le suicide et le meurtre dans les drames d'amour nous paraît donc évidente ; et nous espérons, par conséquent, avoir, en partie du moins, touché au but que nous nous étions proposé. Quant à la démonstration du phénomène de la suggestion à deux dans le double suicide, nous croyons avoir fourni de nouveaux documents à l'appui de l'idée exposée dans le premier chapitre de cet ouvrage.

LISTE ALPHABÉTIQUE

Des Noms cités dans ce volume

REVUES ET JOURNAUX

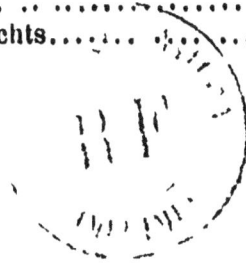

TABLE DES MATIÈRES

——

CHAPITRE VI. — Les Libéricides

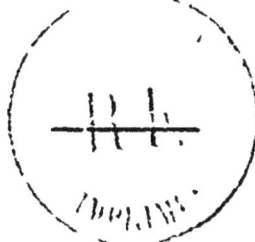

Ouvrages de M. le Dr A. LACASSAGNE

Les Actes de l'État civil. — Étude médico légale sur la naissance, le mariage et la mort, 1 vol. in-18°, relié perc. tranches rouges *(Bibliothèque scientifique judiciaire)*   **3 fr. 50**

Hygiène de Lyon. — Comptes rendus des Travaux du Conseil d'Hygiène et de Salubrité publique du département du Rhône, 1 vol. in 8° .... **10 fr.** »

(MÉDAILLE D'OR DU MINISTÈRE DE L'INTÉRIEUR)

Les Établissements insalubres de la région lyonnaise. — 1 vol. in-8°, 5 cartes en couleurs....... **10 fr.** »

L'Affaire Gouffé. — 2e édition augmentée, 1 vol. in-8° *(Bibliothèque de Criminologie)*..................... **3 fr. 50**

Précis de médecine judiciaire. — 2e édition, *(Bib. diamant.)* 1 fort vol. in-12, Cart perc................. **7 fr. 50**

Précis d'hygiène privée et sociale. 3e édition, *(Bib. diamant)* 1 fort vol. in 12. Cart. perc............ **7 fr. 50**

BIBLIOTHÈQUE DE CRIMINOLOGIE

Publiée sous la direction du Dr A. LACASSAGNE

———

G. TARDE. — **La philosophie pénale,** 1 vol. in 8° (3 édit.)   **7 fr. 50**

G. TARDE. — **Études pénales et sociales,** 1 vol. in 8° .   **6 fr.** »

E. RÉGIS. — **Les Régicides dans l'histoire et dans le présent,** avec 20 grav. . . . .   **3 fr. 50**

RAUX, *Directeur de la 20e circonscription pénitentiaire.* — **Nos jeunes détenus.** Étude sur l'enfance coupable. 1 vol in-8° . . . .   **5 fr.** »

LAURENT. — **Les habitués des prisons,** 1 gros vol. in-8° avec nombreux portraits, planches et graphiques .   **10 fr.** »

A. LACASSAGNE. — **L'affaire Gouffé,** 1 vol. in-8°, 1 pl. hors texte, 2me Édition augmentée . . . . .   **3 fr. 50**

SCIPIO SIGHELE, *Avocat à Rome.* — **Le Crime à deux.** 1 vol. in-8° illustré de portraits . . . .   **5 fr.** »

———

Sous presse

A. MAC DONALD, de Washington. — **Le Criminel Type dans** quelques formes graves de la criminalité.

C. LOMBROSO. — **Les Palimpsestes des prisons**

DEBIERRE, *Professeur à la Faculté de Médecine de Lille.* — **Le crâne des criminels.**

ARCHIVES
D'ANTHROPOLOGIE · CRIMINELLE
· DE CRIMINOLOGIE · ·
ET DE
PSYCHOLOGIE NORMALE ET PATHOLOGIQUE
FONDÉES EN 1886

PUBLIÉES SOUS LA DIRECTION DE MM.

A. LACASSAGNE   **G. TARDE**
Pour la partie Biologique   Pour la Partie Sociologique

Avec la collaboration de MM.

Ar. BERTILLON. — H. COUTAGNE. — DUBUISSON. — GARRAUD. — LADAME. — MANOUVRIER

Revue paraissant tous les deux mois par fascicule d'au moins 112 pages
(Nombreuses illustrations, planches phototypie, portraits de criminels, cartes, etc.)

ABONNEMENTS : France et Algérie, **20 fr** — Étranger (*Union postale*) **23 fr**.

Quelques collections complètes à **280 fr.** net les 7 volumes.

www.ingramcontent.com/pod-product-compliance
Lightning Source LLC
Chambersburg PA
CBHW070734270326
41927CB00010B/1987